CAIO ZIP

O VIAJANTE DO TEMPO

O VIAJANTE DO TEMPO

TUTANCÂMON

REGINA GONÇALVES

1ª Edição

VIAJANTE DO TEMPO EDITORA

Rio de Janeiro 2020

Projeto da capa e miolo: Rafael Nobre e Vanessa Rosa
Revisão: Regis L. A. Rosa
1ª edição - 2020

editoraviajantedotempo@gmail.com www.viajantedotempo.com

CIP-BRASIL. CATALOGAÇÃO-NA-FONTE
SINDICATO NACIONAL DOS EDITORES DE LIVROS, RJ

G629t
1. ed.
Gonçalves, Regina, 1963-
Tutancâmon / Regina Gonçalves. - 1. ed. - Rio de Janeiro : Viajante do Tempo, 2020.
172 p. ; 23 cm (Caio Zip, o Viajante do Tempo)

ISBN 978-65-5126-000-1

1. Ficção brasileira. I. Título. II. Série.

20-63719 CDD: 869.3
CDU: 82-3(81)

SÉRIE DE LIVROS
CAIO ZIP, O VIAJANTE DO TEMPO

O jovem Caio Zip é capturado por uma máquina do tempo que o leva a lugares inesperados em momentos decisivos da História mundial.

ESTA SÉRIE BRASILEIRA FOI PUBLICADA POR GRANDES EDITORAS NA CHINA E NA COREIA DO SUL.

CAIO ZIP, O VIAJANTE DO TEMPO

Cada livro da série será seu passaporte para que você faça uma grande viagem no tempo. Sem malas, sem documentos e com Caio Zip, você vai viver em épocas incríveis que vão desde o Antigo Egito, passando por momentos históricos decisivos com Tutancâmon, Ramsés II, Alexandre - o Grande, Aníbal de Cartago, Arquimedes, Marco Polo, Napoleão, os artistas impressionistas, D. Pedro II, Santos Dumont, Einstein, Picasso, Agatha Christie, Chaplin e mais, muito mais.

Caio Zip terá de encarar enigmas que desafiarão a sua mente. Muitas batalhas para lutar e conquistar grandes conhecimentos... Se sobreviver! Mas para sair das encrencas tem de usar o seu maior poder, que mesmo sem perceber ele usa muito bem: o poder da dedução!

Finalmente, você vai ver História, Arte, Filosofia e Ciência combinadas e integradas de uma forma nunca vista. A proposta da série é divertir, educar e atiçar a curiosidade de outro viajante do tempo: o leitor!

CAIO ZIP é um jovem, como tantos outros, que gosta de computador, futebol, jogos, séries e de sua maior paixão: o skate.

Sentindo-se sufocado com os pais cobrando o tempo todo uma melhor nota na escola, Caio foi rondar sem rumo pela internet. De repente, ouviu um *bip*. Era um *e-mail*, vindo sabe-se lá de onde. Caio o abriu e leu:

"Bem-vindo, caro amigo curioso!

Quem resolver este enigma salvará o ser vivo que mais precisa de ajuda para não ser extinto.

Enigma dos tempos:

De manhã sou inocente
De tarde sou caçador
No outro dia...
Abandono
Tudo e a todos a minha volta.
Quem sou eu?

Resolva o enigma o mais rápido possível!"

Caio ficou olhando, olhando, pensando... e, por fim, digitou a resposta e... Zás! Sumiu, tragado por uma espécie de túnel do tempo, levado em uma missão involuntária a civilizações do passado, presente, futuro e dimensões paralelas.

Assim começa a série de livros de ficção histórica Caio Zip – o Viajante do Tempo, dedicada aos jovens e adultos. São histórias de mistério e suspense que combinam e integram diversos campos do saber, tais como Arte, Ciência, Filosofia, História Mundial e muito mais. As propostas da série são divertir, educar e atiçar a curiosidade de outro viajante do tempo: o leitor!

Caio Zip participa de descobertas e de momentos decisivos da História Mundial; a cada aventura vai amadurecendo e aprendendo que, para sair das encrencas, tem de usar o seu maior poder, que mesmo sem perceber ele usa muito bem: o poder da dedução!

Pelo portal do tempo, Caio Zip avança para seu destino.

Próxima aventura:

TUTANCÂMON

SUMÁRIO

Capítulo 1

O brilho de um amarelo vivo atingia em cheio os olhos do viajante do tempo, deixando-o cego momentaneamente. Apesar de protegido por sua camisa longa, cobrindo-lhe a cabeça, presa pelo seu estimado boné, Caio não conseguia escapar do reflexo da luz de um Sol implacável que refletia na areia ardente. O calor abafado, emanado de um céu esbranquiçado, aumentava a sua agonia.

A máquina do tempo não podia ter arranjado um lugar pior para despejá-lo. Desta vez ela o ilhara num lugar desabitado e nada paradisíaco. A sua volta, Caio só avistava uma terra hostil onde o efeito do calor provocava imagens trêmulas. Buscar por um abrigo o obrigava a andar quilômetros naquela imensidão. A terra cor de ouro envelhecido, ornada de pedregulhos afiados, estava acomodada sobre um afloramento rochoso que dava um ar arrasador à situação. Embora estivesse usando seus tênis, mais do que calejados, a cada passo, seus pés sofriam com o castigo lhe imposto.

Num eterno horizonte, numa terra delineada por uma sequência de paredões intransponíveis, aquele espaço desolado parecia uma paisagem de outro planeta. Como algum ser vivo poderia suportar tamanha escassez?

Sua garganta doía com a língua ligeiramente inchada como no toque de dezenas de agulhas. Seus dedos formigavam sem parar. A vontade de tombar no chão e permanecer ali era uma tentação. A única coisa que o impedia de fazer tamanha besteira era uma voz estridente vinda do seu lado teimoso.

Sim, ele estava perdido no deserto e suas chances de sobreviver eram mínimas, mas o que ele poderia fazer a não ser continuar andando e tentar sobreviver? Desistir? Aquele garoto, apesar de ter apenas catorze anos, sabia de uma coisa: se cerrasse os olhos e adormecesse seria pra sempre, e isto ele não podia admitir. Afinal, ele não era do tipo que à frente de um obstáculo daria o gosto da vitória para alguém, muito menos à morte. Enquanto estivesse ali consciente, poderia achar uma solução, ou, quem sabe, ser contemplado com um milagre. A noção de tempo já lhe havia sido roubada. Não havia meios de saber se estava vagando há dias ou há apenas algumas horas. Também não tinha como saber em que época se encontrava. O sol chicoteava suas costas, a areia dura arrancava suas forças e o vento quente apertava sua garganta seca. Os elementos pareciam formar uma equipe invencível e, com certeza, habituada a vencer quem se dispusesse a desafiá-los.

Se pelo menos ele soubesse onde estava... se pelo menos soubesse qual caminho tomar...

A única coisa que o atraía para uma determinada direção era uma trilha que o levava para uma pirâmide que ele cismara de escalar, mesmo se sentindo esgotado. Sua imaginação agitava-se tal como uma verdadeira tempestade de areia.

"Minha nossa!" pensou Caio. *"Estou de novo no Egito antigo? Se isso for verdade, estou salvo. Tomara que eu consiga sair dessa. Ramsés, cadê você? Tá em Kadesh, batalhando contra os hititas de novo? Que inferno! Não tem jeito. Preciso ir até lá em cima. Preciso chegar ao topo. Foi assim que Ramsés me encontrou da outra vez. Ramsés, me ajude!"*

A lembrança de sua aventura, quando conhecera o amigo faraó, o amparava na escalada.

Enquanto isso, o sol persistia em provocar-lhe miragens. A cada passo, Caio afundava-se em pensamentos, em rostos de pessoas que conhecera em suas viagens no tempo. Cidades inteiras surgiam e desapareciam diante dos seus olhos avermelhados. O bom senso do jovem atormentado há muito se perdera, a ponto de não ter mais noção de distância, e isto era o suficiente para fazê-lo crer que já estava terminando a tortura de atingir o topo. *"Só mais umas passadas"*, pensava. *"Já posso ver Moscou"*, confiava ingenuamente na sua visão borrada ao encarar algo lá em cima mais à frente, como a cidade em chamas que ele tinha presenciado durante a invasão do exército de Napoleão à capital russa. *"Que subida infernal!"*, sofria ele. A cada pisada, se afundava até o joelho. Era um esforço que sugava suas últimas gotas de energia. Sua cabeça doía e seus olhos se mantinham semicerrados. Gradativamente, o calor ia velando quadro a quadro de suas lembranças. Sua vontade de viver ainda se conservava intacta. "*Água*! *Água*!" clamava sua mente em brasas.

– Meus céus! Água! – suplicava sem parar, lamentando-se numa prece improvisada. – Água!

– Pegue! – ordenou uma voz. Logo depois, um saco de couro veio caindo do céu e atingiu o solo perto de onde o agonizante estava ajoelhado.

Caio rastejou para perto do odre de couro cheio de água fresca e saltou para cima dele, arrancando-lhe a rolha com os dentes. Desesperado, ficou a tomar goles e mais goles e, como que saboreando o final de um combate, banhou sua cabeça com o líquido precioso que logo revigorou sua alegria. Agitou seus cabelos encharcados e como um bravo guerreiro ressuscitado soltou seu uivo de vitória.

– Ei! – avisou a voz lá de cima. – Vá com calma! Você devia ter tomado devagar.

Ainda tonto, Caio virava-se para ver de onde vinha aquela voz salvadora.

– Céus! – assustou-se Caio ao descobrir algo flutuando bem acima de sua cabeça.

Por mais que o jovem incrédulo esfregasse os olhos, tentando tirar a alucinação da sua frente, ela permanecia ali cobrindo o sol, formando uma extensa e refrescante sombra sobre ele.

– Você está bem? – preocupou-se a voz. Caio não respondia, apenas ficava admirando a visão com um sorriso febril. – Você está bem?– repetiu o salvador com uma voz estranhamente amplificada.

Caio sinalizou com a cabeça de forma afirmativa, mas esse foi o último sinal de vida que ele deu antes de desabar por terra e tudo ao redor escurecer.

Capítulo 2

Uma brisa fresca deslizando pelo rosto sofrido bastou para reviver o desacordado. Os olhos custaram a distinguir o céu azul e as várias cordas suspensas em todo o seu redor. O corpo ardido esbarrou em três silhuetas masculinas que lhe tapavam o sol e se interrogavam entre si sobre o forasteiro resgatado. Um dos homens aproximou-se do jovem e fez um rápido exame nas pupilas irritadas.

– Ele vai ficar bem – diagnosticou a voz forte. Aos poucos, tudo foi entrando em foco para Caio. Primeiro, veio a visão de umas botas de exército bem gastas. Levantando mais um pouco a cabeça Caio fixou-se numa calça e numa camisa escura caqui com um colete verde musgo. Por fim, já com o pescoço em ângulo reto, as pupilas contraídas e machucadas focaram num chapéu de caubói marrom cobrindo uma cara suja com uma barba rala e olhos azuis grandes e transparentes.

– Quem é você? – Caio virou-se para ver quem estava a perguntar. Era um homem agachado que vestia uma camisa social branca com uma gravata frouxa marrom, uma calça clara e um chapéu branco de abas largas. A fisionomia daquele desconhecido magra e branca contrastava com a sobrancelha e o bigode espessos castanhos. Devagar, aquele homem ergueu o garoto de um chão instável com a ajuda do outro com chapéu de caubói.

Embora a cabeça não parasse de girar, Caio se levantou e apoiou o corpo numa pequena murada de palha. Súbito, sentiu o chão balançar.

– Ei, fique parado! – alertou o sujeito de bigode, afastando um grande cone de metal de ponta furada jogado no chão que, na verdade, era um megafone. Caio, ainda confuso, não parava de se agitar. – Quer ficar quieto, rapaz! Senão você vai cair da cesta.

– Cesta? – surpreendeu-se Caio que, por estar com a garganta seca, soltou uma voz rouca. – Que cesta? – ao se debruçar, levou o maior susto. Lá embaixo, a vários metros de altura, avistou o deserto. Toda aquela imensidão de areia, que antes quase o derrotara, agora estava abaixo dos seus pés trêmulos. Voltando-se para cima espantou-se com a visão de um gigantesco e estupendo balão vermelho que os mantinham num voo sereno. Os movimentos bruscos de Caio fizeram com que a cesta dos passageiros balançasse.

– Fique quieto, rapaz! – mandou outra voz, num tom mais áspero. Caio ficou intrigado com aquele terceiro homem, trajando uma túnica negra com um turbante na cabeça e um véu expondo apenas os olhos pretos ameaçadores e delineados, com uma espessa sobrancelha. – Fique parado e tudo ficará bem!

A vista panorâmica, sedutora demais para ser ignorada pelo espírito aventureiro do viajante do tempo, fazia-o perder mais ainda o equilíbrio. Mas, felizmente para todos os ocupantes, o corpo maltratado de Caio o forçou a se curvar.

– Acho melhor descer, Hanset, antes que ele vomite em cima da gente – aconselhou o homem de bigode, dirigindo-se ao sujeito de chapéu de caubói.

– Me deixa tirar os meus papéis de perto dele. Esses mapas aéreos aqui também. Isso tudo me deu tanto trabalho. E hoje já perdi tanto tempo, não produzi nada hoje.

– Pare de reclamar, Carter – respondeu Hanset. – Você não foi o único que teve de parar as tarefas. Mas, veja, foi por uma boa causa.

– É claro. Se não fosse por nós, esse garoto teria morrido, mas acho melhor descer logo. Ele não parece nada bem.

– Também acho. Já estamos mesmo quase chegando ao acampamento. Podemos terminar os mapas num outro dia. – arregaçando as mangas e tirando o suor da testa, o caubói virou a torneira de uma válvula presa numa coluna de pano que ligava o balão à cesta fazendo o ar do balão escapar. Por fim, ergueu diversos sacos pendurados em volta da cesta e os colocou para dentro. – Ajude aqui, Jamal – pediu o atarefado ao homem de túnica que ainda fitava Caio ainda tentando se manter de pé.

O céu vermelho flamejante anunciava o término de mais um dia quente. O deserto infernal foi dando espaço à uma paisagem lunar sombria e mística. Mais adiante, despontando no horizonte, um longo rio carregava em suas costas barcos oriundos de um trajeto sem fim. De suas margens inundava um grande filete de verde fértil contrastando com a terra desolada.

O voo silencioso foi delatando os segredos daquela estranha região. A pirâmide em que Caio arriscou-se tanto para alcançar o topo revelou ser na verdade somente o cume de uma montanha. O disco solar precipitava-se por detrás desse pico, projetando uma gigantesca sombra cobrindo um vale. Aos poucos ia avançando por aquela vasta área árida margeada por paredões íngremes, onde uma estreita ravina era seu único acesso. Lentamente, a sombra foi tomando a forma de uma majestosa pirâmide sob o solo acobreado.

Ao olhar atentamente para aquela região, Caio constatou que não era tão deserta como pensara. O vale milenar disposto como uma mão com dedos contorcidos, estava sendo importunado por uma enxurrada de movimentos bruscos e intensos. O rapaz mal podia acreditar. Ali se concentrava um gigantesco formigueiro humano, trabalhando sem parar, levantando uma vasta poeira do chão sofrido e infértil. Centenas de homens se aglomeravam indo de um lado para o outro carregando e descarregando pedras de todos os tamanhos e mais um verdadeiro dilúvio de escombros. Outros grupos, mais afastados, escavavam em alguns pontos do vale ferido, abrindo-lhe extensos buracos tanto no solo como nas paredes rochosas. Perto do lugar revirado, ruínas de uma espécie de uma antiga cidade e de templos antigos, mas ainda refletindo seu esplendor, se misturavam com casas pobres e sem cor que, agrupadas, formavam uma pequena vila rodeada de mulas, camelos e carroças puxadas por bois. No meio da confusão, crianças guiando cabras se destacavam perto de um acampamento formado por enormes tendas claras. Como se tudo isso não bastasse, o vale ainda tinha que suportar a agitação do entra e sai de caminhões pretos, cujo modelo antigo possuía faróis se sobressaindo num para-choque prateado reforçado e uma grande lona escura que cobria a carga.

O balão foi perdendo altitude e uma escada de corda foi desenrolada por Jamal. Caio ainda sentia dores latentes na cabeça e seus olhos estavam a fechar. Carter, pressentindo que o garoto poderia desmaiar, amparou-o.

Um grupo de homens, vestindo túnicas e turbantes claros, veio correndo para ajudar a segurar as cordas lançadas do balão e foram puxando o grande modelo aéreo para perto da terra firme. Alguns cães cercaram a cesta e ficaram latindo sem parar diante da presença do bizarro animal vermelho voador.

Caio, semi-inconsciente, foi levado por aquele pessoal de pele curtida para uma das barracas e logo foi acomodado numa cama simples dobrável. Um homem moreno, encurvado, de cabelos grisalhos, usando uma túnica branca com capuz, sentou-se ao lado do adoentado e colocou sua mão quente e calejada sobre os olhos irritados. Essa foi a última imagem que o rapaz enfraquecido teve antes de cair num sono profundo.

Capítulo 3

A noite fria e serena do viajante do tempo só foi perturbada por uma tempestade, em forma de pesadelo que se formou em sua cabeça febril.

Uma névoa avermelhada encobria sua mente. Aos poucos foi se dissipando e por trás daquele efeito, carregado de imaginação, foram surgindo catapultas, guerreiros e pirâmides... canhões, lanças, e feições inocentes emergiram de suas lembranças de suas viagens no tempo que foram se misturando dando forma a um delírio febril...

Um enxame de flechas cruzando o céu coberto por uma densa fumaça negra dos focos de destruição se chocou com a aparição de um campo coberto por baionetas e uma neve enlameada em poças de sangue. Em seguida, soldados cavalgando contra um exército de elefantes eram observados por homens voando de skate, num céu esverdeado... Homens e mulheres surgiram envoltos por um ar poluído, andando no meio de um trânsito alucinante. De repente ouviu-se o barulho de uma freada brusca... A multidão se concentrou, onde um carro, que percorrera uma trajetória circular, colidira contra um pedestre que seguia distraído em linha reta. Foi apenas um toque, só um susto. Tal como numa tangente, após o ponto de colisão, o pedestre foi em frente e o carro continuou em sua trajetória curvilínea letal...

O sonho prosseguiu exibindo, agora, edifícios gêmeos gigantescos que, num só piscar, eram destruídos bem diante dos olhos de Caio paralisados diante de uma TV. Após o ataque de terror provocado por dois aviões a duas torres, as ruínas das estruturas desmoronaram ficando apenas, em seu lugar, duas linhas grossas de poeira recortadas por uma onda de gritos de pavor ecoados por um povo totalmente abalado. A inacreditável cena era gravada através do ângulo de uma câmera de um cinegrafista aguçado, transmitindo em vivas cores trágicas para uma audiência comovida. A imagem triste cedeu lugar para outros pedaços soltos da memória de Caio.

Pirâmides eram construídas com a ajuda de um arquiteto que utilizava simples cálculos geométricos desenhados na areia. Um navio era atingido por um torpedo e engolido por uma espiral formada por um oceano impiedoso. Um imenso dragão azul voador mergulhava sobre a terra, desenhando uma parábola num céu incendiado. Surgiu mais adiante, um grupo de seres místicos de enormes proporções, armados com a razão, guerreando contra seres irracionais de valores negativos. Os seres fantásticos emanavam de um monitor e Caio vibrava com a pontuação no canto da imagem...

O delírio prosseguiu madrugada adentro. Os tempos foram passando diante da face atormentada do jovem sonhador, dando espaço a um imenso vazio. Por fim, os primeiros raios de Sol infiltraram-se pelas frestas da tenda, fazendo-o despertar, libertando-o das visões destroçadas, dos últimos estilhaços das lembranças que foram sendo apagadas da mente do viajante do tempo.

Caio, embora ainda estivesse indisposto, sentou-se na cama e depois de tirar uma toalha úmida da testa notou a presença de um homem de costas para ele, sem camisa, usando apenas uma calça verde e botas pretas.

– Dormiu bem, garoto? – indagou o homem, sem desviar a cara de um pequeno espelho pendurado numa estaca que sustentava a barraca. Caio ficou observando o estrangeiro raspando a barba cheia de espuma usando um simples aparelho de barba com uma lâmina presa entre duas placas de metal, enroscada num pequeno cabo. – Nada como uma boa soneca de cinco dias pra se recuperar, não acha?

– Tudo isso? – admirou-se Caio, sentindo a garganta seca.

– Você é um sortudo, ah se é! É muito fácil se perder no deserto e você já estava muito ruinzinho. Ainda bem que nós o encontramos – suspirou o homem, espiando pelo espelho o reflexo de Caio agradecendo. – Como se chama, garoto?

– Meu nome é... – interrompeu Caio ao se surpreender que, por mais que insistisse, a resposta se mantinha em branco.

– Qual é o seu nome? Ou será que terei que continuar a chamá-lo de garoto?

– Meu nome é... é...

O homem parou de se barbear e ficou a olhar para o jovem em silêncio.

– E então?

– Eu não... não sei! – desesperou-se Caio que apoiava a cabeça nas duas mãos sobre os joelhos. – Eu sou... Eu não me lembro.

O desmemoriado ficou sem reação por uns instantes, até vir a ideia de revirar os bolsos de seu bermudão. Talvez, assim, pudesse encontrar alguma pista. Tudo que achou foram alguns papéis de cartas com tinta borrada, uma receita médica rasgada, chicletes amolecidos, uma corda, umas figuras de animais como a de um leão com corpo de cabra e rabo de serpente, a de uma ave com sete cabeças... Caio, com olhar vazio, tentava catar lembranças naquele monte de objetos estragados pelo calor do deserto, mas o nada persistia em sua mente. Ao sacudir mais uma vez um outro bolso algumas moedas caíram no chão. Ele as pegou e as foi verificando uma a uma. As primeiras que pegou eram moedas de cobre que datavam do ano de 1885. Quando estava para ler a data gravada acima do desenho de uma esfinge da moeda de alumínio um homem apareceu.

– Ah! Já acordou! – alegrou-se o homem moreno todo coberto por uma túnica que empunhava a porta de pano da tenda. Caio notou que se tratava da mesma pessoa de ar severo que ele havia visto no balão e que agora sorria com os olhos. – Já não era sem tempo. Você está melhor? – Caio, ainda inquieto com a figura misteriosa daquele sujeito robusto, confirmou sacudindo a cabeça. – Que bom! – o estranho entrou na tenda e finalmente retirou o pano do rosto, revelando um nariz grande e curvo e um bigode grosso preto. Ele se aproximou de uma mesa ao lado da cama, pegou num bule e se serviu. – Aceita um pouco? – disse o homem, esboçando simpatia com dentes muito brancos. Caio, um pouco tenso, acabou por aceitar e rapidamente tomou uma caneca daquele café apesar do gosto amargo. – Por fim – prosseguiu o homem –, por Alá, clemente e misericordioso, o que você estava fazendo no deserto sozinho? Quem é você?

– Parece que o garoto está com problemas, Jamal – intrometeu-se o outro, tirando toda a espuma da cara com uma toalha.

– O que houve? – Jamal fixava seu olhar nas gotas que escoavam do coador preso por um suporte em cima do bule destampado. – Ele é mudo, louco ou o quê?

– Parece que ele não se lembra quem é.

– Ah, então é isso! – Jamal sem desviar a atenção da goteira, balançou a cabeça. – Pobre infiel. Ele não se lembra de nada, Hanset? – indagou Jamal ao amigo que só deu os ombros, enquanto passava um óleo no rosto barbeado.

– Está tudo girando na minha cabeça. – Caio esfregava a testa, com o olhar de lamento. – Eu não sei. Eu não consigo me lembrar.

– Eu já vi casos como esse – ponderou o árabe. – Se for afortunado pela sabedoria de Alá, com o tempo Ele fará esse choque passar– o árabe deu outra olhada em Caio e depois continuou. – A insolação pode afetar de formas terríveis. Já vi homens que tiveram suas peles fritas na própria gordura, seus cérebros cozidos e suas línguas ficaram inchadas, e eles chegaram a encher os cantis com areia. Também vi homens que morreram na calada da noite chupando o próprio sangue. – aquele muçulmano deixou Caio sem saber se a história era uma lorota ou se estava apenas contando o seu sinistro cotidiano. Distraidamente, o garoto largou a caneca no chão, pegou o seu boné pendurado no encosto da cama e o ajeitou na cabeça virando a aba pra trás. O árabe continuou a prosa. – É triste ver homens morrerem aplacados pelo frio ao anoitecer, mas creio que o que os derrotou mesmo foram seus medos e a falta de esperança.

Ah, se tivessem mais fé. Que Alá tenha piedade de suas almas. – o árabe, depois de um tempo quieto, lembrou-se de Caio. – E você, rapaz, chegou a passar a noite no deserto?

– Não, acho que não. Eu só me lembro daquela maldita luz do sol na minha cara. Poxa! Não dava pra enxergar coisa nenhuma.

– Se você tivesse passado um pouco de fuligem embaixo dos olhos, teria amenizado esse sofrimento. Quem vive no deserto sabe disso. É um truque da época das pirâmides.

– Então é por isso que os egípcios usavam aquela maquiagem preta? Essa é boa.

– Você nem imagina o quanto era importante. Viver sem maquiagem e sem óleo pra proteger a pele naqueles tempos era razão suficiente para os operários entrarem em greve – Jamal cobriu a boca com a mão para segurar o riso. – É, rapaz, você é um louco vagando sem um cantil e nenhuma pitada de sal...

– Sal? Mas pra que eu ia querer sal?

– *Inch Alá*! (Queira Deus) – exclamou o árabe incrédulo, voltando a reparar nas gotas caindo dentro do bule. – Mas que ignorância! Então não sabe que o sal é precioso? Que ele tem o dom de reter a água do corpo?

Jamal notou que Caio não escondia nem um pouco a irritação por ver que estava naquela situação.

– Você teve foi muita sorte – completou o árabe agora com uma fala mais branda. – Como pôde ficar vagando por aí? Do jeito que você estava sedento... nem tentou chupar um caracol?

– Argh! – interveio Hanset. – Pare com essas histórias medonhas – o caubói cuspiu no chão. Não vamos mais perder tempo com isso.

– O homem teme o tempo, mas o tempo teme as pirâmides – concluiu Jamal, derramando um pote de água no coador. Alá com sua infinita sabedoria sempre nos protege. Ele sempre nos guia, revelando os mistérios que nos cercam e sempre através dos passos da matemática.

– E os homens tão racionais seguem esses passos através dos tempos, erguendo construções baseadas em tão valiosos cálculos para chegar perto de seus deuses – emendou Hanset em tom de zombaria.

– Tempo? Matemática? – repetiu Caio com um olhar perdido.

– Não brinque, Hanset! – cortou Jamal, com uma feição severa. – Tudo é matemática e tudo nos aproxima de deus. Até a partir de uma vareta conseguimos ver a sabedoria indicada pelo Sol.

– Sim, sim, sim! E daí você vai falar de novo que a partir disso os egípcios construíram os obeliscos.

– Os consagrados ao Sol! – comentou Caio, surpreendendo Hanset.

– O que disse?

– Os obeliscos eram os consagrados ao Sol.

– Como você sabe disso, garoto? – surpreendeu Hanset, fazendo uma careta.

– Os obeliscos marcavam a posição do nascer do Sol para dar início aos rituais – Caio parecia estar em transe e suas palavras ressoavam como se fossem de outra pessoa. – Marcavam a data em que o ano deveria ser purificado pelos ritos que evocava os mistérios do deus Sol, o deus Rá. Tinha também algo a ver com o deus Osíris que tinha sido morto pela traição do irmão Seth e ainda por cima pegou o corpo de Osíris e o cortou em pedaços, espalhando-o pelo Egito... quando Ísis, a irmã e esposa de Osíris soube o que aconteceu, ela vasculhou por todos os lugares para pegar todos os pedaços do marido e quando os achou ela o emendou com tiras fazendo a primeira múmia. Osíris ressuscitou, deu um filho pra Ísis chamado Hórus e, depois de tanta coisa, ainda se tornou o deus dos mortos que envelhecia em todo pôr do sol. A deusa chorava de noite (o orvalho eram suas lágrimas), mas graças a essa tristeza, Osíris renascia a cada amanhecer com os raios de sol.

– Isso mesmo – confirmou Hanset, pasmo. – Com esses rituais, os egípcios asseguravam a imortalidade dos deuses. Que loucura! Você sabe disso tudo, mas não sabe seu nome?

– Ah! – respondeu Caio desatento. – Eu acho que vi isto em algum lugar, na TV ou li numa revista, sei lá! – Hanset e Jamal estranharam a conversa do rapaz. Caio ficou balançando a cabeça, lamentando-se. – Que inferno! Eu só queria poder me lembrar quem sou eu.

– Um garoto que sabe sobre o antigo Egito perdido no deserto e agora está aqui conosco – ria Hanset, olhando para Jamal que erguia as mãos em indicação dos desígnios de Alá. – Me diga uma coisa, garoto, o que fez você ir até o topo de El-Qurn?

– No topo de onde?

– No topo da montanha.

– E eu que sei! – respondeu Caio meio sem graça. – Pensei que fosse uma pirâmide. Eu não conseguia pensar em mais nada. Era como se algo me chamasse pra aquele lugar...

– Ah! Você deve ter sido guiado por Alá! – deduziu Jamal. – Só Ele para contar seus passos, somar suas chances de vida e assim dividir sua proteção para com todos de seu rebanho. – Caio não conseguia deixar de encarar aquele homem com suas frases tão incomuns. – Bem – prosseguiu o árabe. –, acho que se ele o salvou, você deve ser de alguma serventia, apesar de ser mais um desgarrado, mais um infiel.

– Por que você me chama de infiel?

– Não liga pro Jamal, garoto. – Hanset deu uma risada a provocar Jamal. – Ele, como todo muçulmano, não gosta muito de nós ocidentais, e com uma boa razão. A maioria entra nas suas terras para conquistar, pra levar suas relíquias... Assim como fez Napoleão que invadiu o Egito e não respeitou nem um pouco as leis e as crenças do povo da região.

– Mas bem que depois enxotaram seu exército – completou Jamal, entusiasmado. – E quantas vidas perdidas. Aquele conquistador merecia ser queimado. Como ele chegou ao cúmulo de abandonar o próprio exército?

– Eu sei que foi terrível essa invasão – concordou o caubói. – Napoleão não podia ter deixado os soldados com fome, peste e muitos pegaram o mal dos olhos egípcios, ficando completamente cegos. Mas Napoleão tem seus méritos. Ele não tentou conquistar apenas com as baionetas. Trouxe algo muito melhor.

– Canhões? – arriscou Jamal com um sorriso malicioso.

– Você sabe que não– reagiu Hanset. – O grande feito dele foi munir-se com um exército de pesquisadores. Eram os astrônomos, engenheiros, matemáticos, químicos, pintores e até poetas. Esses sim, apesar das baixas sofridas e de muitos adoecerem, conquistaram a terra dos faraós usando apenas seus lápis. E mais: esse pessoal adquiriu a chave para decifrar os enigmas do Egito.

– Mas não foram os sábios que acharam a chave em Roseta – discordou o árabe. – Por acaso esqueceu que foi um abençoado soldado?

– É, você está certo – apoiou Hanset. – Devemos a descoberta da chave graças a um soldado desconhecido e sua picareta.

– Que história é essa de chave? – interessou-se Caio.

– Esse soldado – prosseguiu o caubói, amarrando os cadarços das botas –, encontrou uma pedra negra de 2.000 anos com uma inscrição traduzida em três línguas. Duas delas eram conhecidas, mas uma delas era a escrita hieroglífica. Foi somente com a cópia das escritas dessa pedra Roseta, como ficou conhecida, que um estudioso, chamado Champollion, conseguiu decifrar os hieróglifos e começou a desvendar o passado do Egito. E só conseguiu porque era tremendamente teimoso. O danado do professor levou mais de dez anos de pesquisa.

– Tenho que apoiar você, Hanset – afirmou Jamal, cruzando os braços. – Como todos nós, Napoleão tem valor, uma gota que seja.

– Que isso Jamal! Logo você que é tão generoso! Dá logo uma colher de sopa pra Napoleão.

– Napoleão! Sopa! – Aquelas palavras deixaram Caio com rosto fixo ao chão como se estivesse a tentar recuperar alguma lembrança o que surgiu como um raio e o fez disparar a voz num só golpe. – Sopa do soldado! – aquela frase deixou os dois homens de olhos arregalados.

– O que você quer dizer? – Hanset não deixava de encarar o garoto.

– Napoleão! É isso! – começou Caio a falar sem parar. – Napoleão gostava da sopa do soldado, aquela coisa que mais parecia uma massa marrom gosmenta. É! Eu detestei aquilo. Agora estou me lembrando. Eu jantei com Napoleão. No jantar também estava o marechal Ney, Natasha e... é, foi lá... foi... foi na Rússia! Isso! – estalava Caio os dedos com um sorriso crescendo no rosto. – Napoleão também se deu mal graças a Kutuzov, o tal comandante russo que eu achei genial.

– Jantou com Napoleão? – preocupou-se Jamal com aquela conversa.

– É verdade, não é? – Caio sentia-se chateado ao ver que as lembranças vinham de forma tão confusas.

– E depois do jantar – atiçou o caubói – ficou discutindo estratégias militares com o grande general?

– Bem, na verdade, ele tava mais preocupado em fazer uma carta aberta pro povo russo. Moscou estava numa confusão... lembro-me de ver casas pegando fogo. Pessoas saqueando, mas Napoleão só começou a se preocupar mesmo foi quando soube que seus soldados estavam mijando debaixo da janela dele – Jamal e Hanset continuavam encarando o rapaz como se estivessem diante de um enlouquecido. Caio, mesmo confuso, ficou chateado com a reação e rebateu. – Eu Juro! É verdade. Eu me lembro. Eu jantei com Napoleão porque salvei a vida dele.

– Entendo! – Hanset acenava a cabeça. – E depois desse esplêndido jantar... por tê-lo salvado, Napoleão ofereceu a você um pedaço da Europa, riquezas, os melhores aposentos da casa dele, não foi?

– Não – murmurou Caio sem jeito. – Eu acabei indo parar na cadeia.

– É, jovem – disse Jamal, olhando para o caubói boquiaberto. – Você está precisando de muita ajuda.

– Está mesmo! – concordou Hanset. – Disso eu não duvido.

– Que droga! – zangou-se Caio, inconformado. – Por que vocês não acreditam em mim?

– Não sei, garoto – respondeu Hanset com uma expressão de deboche. – Talvez porque esses acontecimentos que você está relatando, da invasão de Napoleão na Rússia, data do ano de 1812.

– E daí?

– Daí, jovem – rebateu o árabe. Estamos no ano de 1922. Pelo seu porte físico, eu estimaria que possui 14 anos e não 110 anos, não acha?

– Mas então como vocês explicam que eu me lembro dessas coisas, hein? – Jamal e Hanset olhavam um para o outro, tentando disfarçar o que pensavam do assunto. Caio se irritou. – Que ódio! Dá pra vocês pararem de ficar aí com essas caras como se eu fosse doido varrido?

– Tenha calma, jovem – tentou Jamal controlar Caio. – Vamos deixar essa conversa de lado. – Caio respirou fundo. Parecia que estava se esforçando ao máximo para segurar uma resposta desaforada. – Agora – prosseguiu o beduíno com simpatia. –, o mais importante é desvendar como você foi parar nesse fim de mundo sozinho. Tente se concentrar só nisso. Vamos ver. Você se lembra se sofreu algum acidente?

– Eu não me lembro.

– Desista, Jamal – pediu o caubói. – O Sol afetou de vez os miolos dele.

Jamal encarou o garoto de forma severa.

– Para nós beduínos, o Sol não nos ilude. A areia corre em nossas veias. Quanto a você, jovem infiel, prevejo que ainda terá que passar por muitas provações até ser abençoado pela luz da sabedoria de Alá – o muçulmano foi para perto do garoto e apoiou-se no seu ombro sem deixar de olhar de vez em quando para as gotas do coador. – Pelo menos, lembra de algum detalhe enquanto vagava pelo deserto? De onde veio?

– Eu não sei – esbravejou Caio, levantando-se da cama. – Eu não sei quem sou. Na minha cabeça fica rolando imagens o tempo todo. Vejo um campo coberto de neve. Lembro-me de montanhas, cidades, uma diferente da outra, florestas com tigres, uma ilha com um vulcão explodindo... depois tenho a sensação de ter vivido perto do mar, de uma praia, numa cidade bem movimentada, cheia de carros, com prédios altos... mas não sei o nome do lugar.

– Parece que você gasta seu tempo viajando, isso sim! – deduziu Hanset, saindo de perto do espelho e servindo-se de um pouco de café.

– Seja como for – ponderou o árabe –, é bom deixarmos essas dúvidas pra mais tarde. Devemos ser pacientes. Já perdemos 5.832 segundos, ou melhor, 1 hora, 37 minutos e 12 segundos nessa conversa.

– Como! – duvidou Caio. – Mas como é que você pode saber quanto tempo... – Caio olhou para as gotas que caiam no bule e depois para Jamal que sorria.

– O tempo flui, meu viajante. Exatamente como as gotas que caem do coador. Basta apenas observar e contar.

– Tempo? Viajante? – aquelas palavras provocaram um efeito tal como um clarão na mente de Caio. Rapidamente, o desmemoriado se aproximou do espelho e ficou deslizando as mãos tensas no seu rosto queimado, na sua aparência desconhecida. Mas a aflição o fez vagar em cenas desencontradas, deixando escapulir mais uma vez as lembranças. – Que coisa! Quem é essa gente dentro da minha cabeça? Tá tudo rodando. Quem é essa mulher ruiva que vejo me dando bronca, mas depois insiste em me beijar na frente de uns garotos?

– Ah, essa é fácil! – disse Hanset. Animado, largou a caneca na mesinha e pegou seu chapéu pendurado num rifle em pé ao lado da entrada da tenda. – Só pode ser sua mãe. Você lembra de mais alguma coisa?

– Vejo homens batalhando usando lanças... – Caio fechou os olhos e com toda força tentou se concentrar nas imagens que vagavam em sua mente. – Canhões, centenas deles espalhados num campo... agora tô vendo um teto redondo de uma catedral dourada queimando numa cidade incendiada... acho que é Moscou. Tô me lembrando de umas ciganas, cantando num teatro... tem também uns bondes puxados por cavalos... vejo o meu skate. Estou fugindo, fugindo de uma garota de patins... desvio de carros voando...

– Carros voando? – quebrou Jamal de vez com a concentração de Caio que se perdeu novamente na linha do tempo. O garoto se contorcia e esfregava a testa como que sentindo fortes dores de cabeça. O árabe mantinha sua preocupação. – Acho melhor ir devagar. Você não está nada bem. Não está dizendo coisa com coisa.

– O quê! – Caio se fixou nos olhos do beduíno como se o estivesse vendo pela primeira vez. – Espera aí! Mas afinal, o que eu estou fazendo aqui? Que lugar é esse? E... e eu ainda não sei direito quem são vocês!

– Essa não! Que grosseria a nossa! – alarmou-se Hanset. – Como a gente pôde esquecer de apresentar-nos? Bem, mas nunca é tarde. – o homem ajeitou o cabelo, bateu o chapéu no joelho e o ajeitou na cabeça e depois vestiu rapidinho sua camisa, deixando-a entreaberta. Antes de falar novamente, limpou a garganta com uma tossida. – Garoto, este aqui é Jamal Mohamed Al Kharismi. Ele é o meu guia, meu grande parceiro. –

o árabe o cumprimentou curvando levemente a cabeça e levando os dedos aos lábios e depois à testa. – E eu me chamo Hanset Gold – prosseguiu o caubói, esticando o braço em direção a Caio e dando um forte aperto de mão. – Sou o inspetor do serviço de proteção de antiguidades egípcias.

– Antiguidades Egípcias?

– Ora, jovem! – estranhou Jamal. – Você está no Egito.

– Estamos em Tebas – emendou o amigo. – Mais precisamente no Vale dos Reis.

– Vale dos Reis!!!– repetiu Caio.

– É, sim! – confirmou Jamal. – O Vale dos Reis é assim chamado porque aqui estão enterrados os grandes faraós. Estamos junto de um grupo de arqueólogos que se encontra aqui fazendo escavações nas tumbas.

– Estou aqui – recordou Hanset, – já faz uns cinco anos desde o término da grande guerra.

– Que guerra?

– Nossa mãe! – o inspetor levou a mão à cabeça, chocado. – Como que guerra!? A grande guerra mundial! Eu fiquei com meu destacamento como sargento quase um ano nas trincheiras lutando contra os alemães. Quando a guerra acabou, a vida ficou muito ruim na Europa. Tive sorte de conseguir trabalho no Museu Britânico como escrivão. Felizmente, fui designado pra cá e acabei me apaixonando por esse lugar... ah! Nunca me esquecerei quando vi pela primeira vez as obras de Ramsés II.

– Ramsés! – espantou-se o garoto agitado. – Vale dos Reis! Agora me lembro! Ramsés me falou desse lugar. O pai dele está enterrado aqui, o faraó Seti I que tinha esse nome em homenagem ao deus Seth. A estatueta desse deus ajudou Ramsés a fazer uma armadilha contra os hititas. É isso aí! Eu estive lá.

– Lá, onde? – interrogou Hanset, intrigado.

– Ora! Na batalha de Kadesh, é claro!

– É claro! – concordaram os dois homens, entreolhando-se de novo com um ar de apreensão.

– Garoto, é melhor não se esforçar mais – aconselhou Hanset, tentando fazer o garoto se deitar na cama. – Vai com calma. Com muita calma, sim? Você pelo jeito sabe de muitas coisas sobre História, mas vai ficar biruta se continuar misturando tudo isso.

– Mas eu tenho que me lembrar – enfureceu-se Caio – Tenho que lembrar de alguma coisa. No mínimo do meu nome. Não posso ficar sem nome.

– Isso não é problema – sorriu Jamal, pegando um livro debaixo da cama. – Vamos lhe emprestar um por enquanto – o muçulmano, como que rezando, começou a folhear com as pálpebras fechadas até que seu dedo pousou no meio de uma página. – Pelo túmulo do profeta! Achei um ótimo nome!

– Qual? – Hanset ficou apoiado no ombro do amigo, deu uma espiada e sorriu. – Ora essa! Esse é dos bons. Garoto, o que acha do nome Baraka?

– Quê! – estranhou Caio. – Que coisa é essa?

– Bem, ele tem a ver com você – argumentou Hanset. – Baraka significa *boa sorte,* o que pelo jeito você tem tido bastante.

– Mas não tem um melhorzinho, não? – chateou-se Caio.

– Bem, deixa-me pensar. – Jamal ficou esfregando o bigode por uns instantes e em seguida ficou folheando as páginas de novo até se fixar numa delas. – Hum! Poderíamos chamá-lo de Haj – Jamal fechou o livro e o colocou com cuidado na mesinha.

– Haj? – repetiu Caio. – E o que significa?

– Significa peregrino – esclareceu o árabe. – Pelo que você contou, imagino que viaja sozinho e para lugares distantes. E do modo que anda sem nenhum mantimento ou transporte você deve precisar muito da proteção divina. – Jamal levantou as sobrancelhas e juntou as mãos uma na outra. – Talvez você esteja em busca de algo... quem sabe você esteja à procura de sua redenção. Talvez esteja passando esse sofrimento para obter conhecimento da grande revelação.

– Do quê? – Caio estava ainda mais confuso. – Que conhecimento? Que revelação?

– Da revelação – insistiu o árabe. – Todo muçulmano, por exemplo, precisa fazer a peregrinação a Meca, pelo menos uma vez na vida, e visitar o santuário da Caaba. É lá que o peregrino, o haj, deve beijar a pedra negra, o meteorito que data dos tempos remotos. É lá que nós os crentes sentimos que o sacrifício de Jesus, dando sua vida, não foi o suficiente e por isso o Todo-Poderoso escolheu Maomé, seu último profeta, para transmitir a última revelação.

– O que é isso? – insistiu Caio impaciente.

– Da revelação! Do Alcorão! – respondeu o árabe, servindo-se de mais café e tendo o cuidado de colocar o bule na mesa sem esbarrar no coador que ainda se mantinha gotejando. – O Alcorão é o livro Sagrado dos muçulmanos, no qual Deus revelou a sua vontade e suas leis. É nos textos do Alcorão que recordamos a linhagem dos profetas Adão, Abraão, Noé, Moisés, Jesus, que tiveram a missão de espalhar a palavra divina. Nesse livro a palavra de Deus passa a ser: *"Alá, é o único Deus e Maomé é o seu profeta."*.

– Para vocês Jesus é um profeta?

– Sim! – exaltou Jamal, agitando as mãos. Caio ficou pensativo. – E Maomé – prosseguiu o mulçumano – foi o último a quem Deus revelou que Todos devem viver, junto com seu irmão, seu igual. Para nós, não existe papa, clero ou igreja. Não há imagens, nem estátuas, somente Alá, em toda a sua glória.

– E então, garoto – cortou Hanset. – Depois de toda essa imensa explicação, aceita, por agora, o nome Haj? – o caubói olhou para o amigo beduíno e continuou. – Ou você quer um nome como Jamal, ou seja, ser chamado de camelo?

– Não! – revidou o jovem, rindo. – Tá ótimo o nome Haj.

– Que Alá compadeça desse *kafir* (infiel)! – zangou-se Jamal. – Quando ficar perdido no deserto sem nenhum camelo, aí você vai ver o quanto esse animal é valoroso.

– Que isso, Jamal. Quando você vai aprender? Eu só estou brincando com você. Relaxe, homem. – Hanset abotoava a camisa, enquanto Jamal o encarava com os punhos fechados socando o ar. O caubói, desligado da zanga do amigo, pegou um cinturão de balas com um revólver pendurado acima do espelho e o colocou na cintura. – Bom, já está na hora de irmos até a cidade. Quero ver se minhas lâminas de barbear já chegaram. Essa de hoje era a última que ainda prestava. Que tal você vir conosco, Haj? Talvez tenha alguém lá que o reconheça.

– É uma boa ideia. Vamos sim – aderiu Jamal, bebendo seu último gole de café e entornando o resto no chão já fora da tenda. – Vamos, Haj!

– Anime-se, garoto! – voltou-se Hanset, empurrando o indeciso para fora da tenda. – Quem sabe alguém está a sua procura, não é? – Caio ainda se mantinha cabisbaixo. – Vamos lá, Haj! Ânimo! Ah, mas primeiro, temos que forrar o estômago.

– Comida! – os olhos de Caio vibraram. – Tô morrendo de fome. – Num relance, o antes desanimado, disparou da tenda.

E seguindo o cheirinho de pães quentinhos, Caio acabou topando com uma mesa comprida feita de madeira ao ar livre, onde havia outros homens se servindo do café da manhã. O guloso logo avançou num prato cheio de coalhada e em seguida, todo lambuzado, formando um belo bigode branco, pôs-se a devorar tudo na sua frente deixando a todos perplexos.

– É, Jamal – comentou Hanset, vendo o rapaz quase em cima da mesa com a boca cheia de pães –, parece que esse rapaz perdeu a memória e também os modos.

– Não sei não! Ele arrota tal como um muçulmano quando gosta da comida. Mas bem que ele poderia perder um pouco desse apetite. Veja só o que ele está fazendo.

Hanset com a ajuda do parceiro decidiu agarrar o mal-educado que já estava arranjando confusão quando, ao se levantar da mesa, esbarrou num dos homens que deixou escorregar a jarra que carregava em cima de outro homem mais corpulento. O fortão não gostou das risadas do pessoal ao ver que a calça dele estava suja com o leite derramado. Hanset e Jamal tiveram muito trabalho para tirá-lo daquela briga que se formou e, arrastando o encrenqueiro, foram para perto dos camelos e seguiram por uma estrada de terra. No trajeto, enquanto Jamal ficava a contar e a observar as pessoas e os animais que passavam por eles, Caio se interessou em apreciar as ruínas de uma cidade, nas quais os escombros das casas eram encostados um no outro.

Ao se aproximarem do rio Nilo, Caio e os dois homens procuraram por uma barcaça para atravessarem para a outra margem, onde se erguiam as enormes colunas das ruínas da antiga cidade de Luxor.

Capítulo 4

Chegando na cidade, os três deixaram os camelos descansando numa pequena praça e prosseguiram a pé no meio da feira que cobria as estreitas ruas. O movimento dos ambulantes transportando cestas nas cabeças, dos fregueses escolhendo as frutas e mais outras saborosas guloseimas. Os mercadores não paravam de gritar para chamar a atenção para suas mercadorias. Alguns chegavam a segurar no braço e com uma boa conversa tentaram convencer o jovem vestido com roupas estranhas a comprar seus ricos tecidos. Caio observava tudo com curiosidade. Dois homens, por exemplo, gesticulavam e um deles, o dono de um camelo caolho, discutia o preço com o comprador que teimava em pechinchar o preço do animal que enquanto isso cismava de cuspir tentando fazer Caio de alvo. Aquilo tudo não lhe parecia familiar. Esforçava-se para vasculhar em sua volta, esticava seu pescoço para ver se alguém ou algo despertava sua memória, mas o máximo que conseguiu foi tropeçar nas crianças que insistiam em lhe pedir um dinheiro ou para que comprasse algumas frutas.

Hanset e Jamal, seguido por Caio, entraram num pequeno bazar com tapetes coloridos dependurados na porta. Um forte cheiro de incenso se espalhou pelo ar. Perto de um balcão havia um homem forte, moreno, bem alto, que ao vê-los largou um casal inglês que apreciava uma pequena estatueta enrolada com um pano empoeirado. Com um largo sorriso, o comerciante atendeu o inspetor.

– Hans, há quanto tempo, meu estimado amigo! O que o traz aqui na minha humilde loja?

– Como vai, Salim? – Hanset o cumprimentou e inesperadamente começou a berrar no meio da loja. – Continua empurrando essas peças falsas para os otários?

Salim com um sorriso amarelo tentou segurar o casal que, aborrecido, abandonou o local imediatamente. O dono, com as mãos na cintura, voltou-se para Hanset que, como Jamal, não parava de rir, e pôs-se a reclamar.

– Você tinha que aprontar, não é, Hanset? Será que você não vê que as vendas pioraram? Eu não posso perder minha clientela.

Hanset se aproximou de um baú velho debaixo do balcão e o abriu bruscamente levantando uma nuvem de poeira que fez Caio tossir. Lá dentro estavam algumas estatuetas esverdeadas iguais as que o casal se interessara.

– Até que você tem ido bem, Salim – ressaltou Hanset. – Isso aqui está quase vazio. Acho que vai ter que mandar o seu pessoal fabricar mais. Ou será que você mandou os guias enterrarem algumas na areia?

– Enterrar? – perguntou Caio sem entender. – O que eles ganhariam com isso?

– Golpe velho, mas que funciona– explicou Jamal. – Esses europeus são presas fáceis. O guia enterra e, mais tarde, leva o arqueólogo ou mesmo os peritos colecionadores para o local, fazendo com que eles as encontrem. Os tolos acabam acreditando que estão diante de uma "antiguidade" e então subornam o guia para garantir que ele não contará sobre sua "grande descoberta" a ninguém.

– E esses turistas se acham superiores – caçoou Hanset, soltando a tampa do baú.

– Esqueça tudo isso – reclamou Salim, tentando abanar a poeira levantada. O dono do bazar cobriu o baú com um tapete e virou-se para o inspetor. – Pelo menos, eu não deixo os estudiosos loucos como aquele meu vizinho russo que se vangloria de ir as tumbas, escondido, e gravar nas paredes inscrições indecentes e sem sentido em uma escrita antiga. O desgraçado ainda tem o cuidado de deixá-las meio apagadas se é que me entendem– deu o vendedor um sorriso matreiro. – Como o russo gosta de mostrar os jornais, contando a respeito dos historiadores que estão quebrando a cabeça para decifrar o "grande mistério milenar".

– "A segurança de um homem está em conter sua língua." – recordou Jamal de um provérbio árabe. – Esse infiel vai ser descoberto e aí eu quero ver ele lamentar.

– Bem – arrematou o vendedor. – Vamos aos negócios. O que vocês desejam?

– O de sempre, meu amigo. – Hanset sentou-se numa cadeira perto do balcão e ajeitou o chapéu. – Queremos saber das últimas novidades dos seus parceiros. Quero saber se eles descobriram alguma coisa nas proximidades da área de escavação de Carter.

– De Carter? Carter é uma mula empacada. Ele já devia saber que não vai encontrar nada de valioso naquele lugar. O Vale dos Reis já deu os tesouros que tinha que dar. Já passou a época das descobertas dos grandes túmulos. Quando ele, quando vocês vão entender que não existe mais nada lá?

– Só Alá sabe! – disse Jamal sem esconder um ar desolado. – Os antigos ladrões de túmulos já limparam tudo, bem debaixo das barbas dos faraós. Isso significa que seus comparsas não têm mais nada de legítimo pra vender a você, não é, Salim?

Hanset tirou do bolso da calça um saco de couro e o agitou na frente do negociante hipnotizado com o barulho das moedas. – Que pena! Pensei que pudéssemos fazer negócios.

– Está bem. Está bem. Vocês venceram. Vamos para o meu escritório. – Salim cruzou os braços e, com ar cabreiro, fixou-se na figura estranha de Caio. – Mas o garoto fica esperando aqui!

– Ele vem com a gente – ordenou o inspetor num tom agressivo.

– Está bem! – entoou Salim uma voz fina quase feminina. – Se é assim que deseja, meu caríssimo amigo.

O negociante os levou a um pequeno cômodo no fundo da loja e os convidou a se sentarem num amontoado de almofadas coloridas espalhadas no chão.

A conversa enrolada do comerciante foi se estendendo. Salim, sem parar de falar e de gesticular, descrevia auxiliado por um mapa os túmulos reais. Contou que seus companheiros tinham encontrado umas passagens em poços abandonados, onde alguns deles davam para as tumbas já exumadas, mas outros eram passagens sem saída, que funcionavam como truques dos antigos arquitetos para enganar os ladrões. Hanset tirou do bolso da camisa uma lente de aumento e ficou analisando os detalhes das demarcações daquele labirinto debaixo da terra. De vez em quando, enchia o negociante com perguntas.

As dores de cabeça de Caio latejavam demais e não o deixavam se concentrar. Jamal, ao reparar na expressão tensa do garoto, mandou-o dar uma volta pela feira e depois esperá-los na praça.

A feira estava com um movimento maior. Naquela hora do dia, jovens dançarinas do ventre seduziam os olhares dos turistas. Mais adiante, um grupo de homens tocava música em instrumentos que se assemelhavam a flautas, mas a ponta do instrumento possuía a forma de uma bola de tênis. Caio, espremido no meio de tantos curiosos, assistia à apresentação. Num certo momento, um rapaz miúdo, moreno e de cabelos curtos e crespos, carregando uma cesta, apareceu e se sentou na frente dos músicos. O povo ali reunido voltou a atenção para a cesta. O moreno, como um artista, começou com sua misteriosa atuação. Lentamente, tirou a tampa de cesta e em seguida fez um sinal para os músicos. As notas doces dos flautistas guiavam o movimento das mãos do jovem moreno. Caio ficou atento ao notar que do interior da cesta surgiu um par de pequenos olhos negros encravados numa minúscula cabeça redonda e escamosa. O pessoal, fascinado, apontava para o bichinho que vibrava sua língua fina, comprida e ameaçadora. O animal hipnotizado foi saindo do seu esconderijo, dançando conforme o movimento da mão do seu pequeno mestre. Num instante, o longo e fino pescoço negro do animal foi se destacando e, devagar, foi inchando até se tornar triangular.

– Que Naja enorme! – assustou-se uma senhora, vestindo uma túnica comprida preta da cabeça aos pés.

Caio, ao reparar naquela cobra venenosa com a boca aberta revelando duas enormes presas, num relance, foi sendo hipnotizado e surgia diante de seus olhos a imagem, ainda nebulosa, de um lago sereno emergindo de suas recordações. A cena foi se definindo e ele se viu, nadando em águas cristalinas, cercado por aves brancas. Súbito, uma delas ficou se debatendo até desaparecer por completo nas profundezas do lago... um enorme tronco de árvore flutuando nas águas agitadas pelas aves inquietas vinha em grande velocidade em sua direção. Uma sensação de grande perigo disparava seu coração. Ele, em pânico, tentou nadar o mais rápido possível, batendo os braços de qualquer maneira... o estranho tronco afundou. Sem esperar, soou um grunhido forte e selvagem e surgiu uma enorme mandíbula avançando sobre ele...

– Crocodilo! – berrou Caio no meio da multidão. – Eu fui atacado por um crocodilo. Eu me lembro. Foi no palácio de Ramsés – as pessoas abismadas foram se juntando em volta do alucinado. – O que há com vocês, hein? – gritou Caio. – É verdade! Eu também vi um crocodilo, quando estive na Índia com Alexandre! Alexandre, o Grande! É! Eu estou lembrando. Ele me tratava como irmão... espera! O meu nome é...

– Ladrão! – alertou uma senhora inglesa ao ver um menino descalço, correndo no meio da aglomeração. – Roubaram minha bolsa!

– Peguem o ladrãozinho! – gritou um homem de uniforme para um grupo de homens armados misturados na aglomeração. – Ei! Você aí, rapaz. – o oficial apontou para Caio.

– O quê! – alarmou-se Caio. – Eu!

– Segurem esse rapaz! – mandou o oficial.

– Mas não foi ele que roubou – defendeu a mulher vítima do roubo.

– Mas, madame, é assim que eles agem. Esse mocinho nos fez distrair com sua conversa doida para que o seu cúmplice pudesse roubar. Peguem ele!

Caio, vendo a situação, sem chances de se defender, não teve dúvida. Desatou a correr feito um louco no meio daquela turba furiosa, deixando uma trilha de confusão. Foi empurrando um grupo de homens, pulando por cima das barracas... durante a fuga, um macaquinho assustado saltou para a cabeça de Caio e tapou-lhe os olhos. Fugindo às cegas e tentando arrancar o bichinho, metido a turbante, Caio acabou dando um chute num gato, pisando nas mercadorias das barracas tombadas no chão, atropelando um bando de galinhas e cabritos... após, finalmente, se livrar do macaco... "Essa, não!" desesperou-se ao ver-se totalmente cercado pelos mercadores revoltados. Tudo parecia perdido. Mas, ao olhar para cima... rapidamente, começou a escalar uma parede de uma construção a sua frente. Com muito custo, desviando dos ovos e frutas jogados pela multidão, conseguiu alcançar o telhado da casa. Apesar de tanto esforço, ainda não estava fora de perigo. Dois dos homens armados, dos mais ágeis, seguiam seus pulos. Enquanto isso, os outros guardas, guiados pelos gritos de xingamento, foram cercando a área. Com rapidez, o skatista do futuro foi se arriscando pelas sacadas e pelos telhados cobertos com tábuas finas de madeira. Os dois perseguidores ainda se mantinham no seu encalço.

De repente, um deles, o mais gordo, ao usar uma das pernas para se apoiar numa murada, ouviu um pequeno barulho que o afligiu tanto que o obrigou a parar e, ao virar-se para trás, teve que enfrentar o seu temor. Lá embaixo, uma explosão de gargalhadas do povo fez com que sua cara gorda e redonda ficasse vermelha. As risadas se alastraram mais e mais, matando de vez sua vítima de vergonha. O guarda não tinha mais escapatória e, muito sem jeito, tentou inutilmente tapar com suas pequenas mãos o tremendo rasgão da calça apertada que exibia tudo, exceto uma cueca. Todos se divertiam com a cena, inclusive os amigos do envergonhado. Caio, aproveitando a distração, tomou distância, mas a sorte não o acompanhou. Num dos seus saltos, as tábuas soltas de madeira, do esburacado telhado, não suportaram o peso do fugitivo, que tombou para dentro de uma loja, levando consigo uma chuva de telhas.

O grupo de homens invadiu o local na busca pelo fugitivo. Qual foi a surpresa ao encontrarem apenas um vendedor de túnica verde sentado diante de uma mesinha com uma longa toalha branca, jogando damas com um homem branco de bigodes espessos vestido com um terno claro com o colarinho desabotoado. O homem inglês acendeu distraidamente um cigarro e ajustou o cano longo de uma das suas botas sujas com a poeira levantada pelo desabamento.

– Pra onde foi aquele ladrãozinho? – resmungou o oficial.

– Ele foi por ali – informou o cavalheiro, indicando uma porta dos fundos sem se desconcentrar do jogo.

O pessoal apressado deixou os jogadores e disparou para prosseguir com a perseguição.

O jogador compenetrado mexeu numa das peças brancas e com um sorriso anunciou:

– Pode sair agora. Eles já se foram.

Capítulo 5

Uma mão suada e suja foi erguendo a toalha da mesa e devagarzinho um par de olhos amedrontados foi emergindo debaixo da mesa.

– Uau! – desabafou Caio, batendo o pó branco do cabelo rebelde. – Essa foi por pouco.

– Você está sempre escapando por pouco – concluiu o inglês, esmagando o cigarro no centro do tabuleiro.

Pela primeira vez depois do incidente, o fugitivo teve a chance de respirar e aproveitou para dar uma boa olhada no homem que o ajudara. Ficou espantado ao notar que se tratava de um dos seus salvadores no deserto.

– É, meu caro, parece que o destino insiste em que eu me torne seu protetor. Está lembrado de mim? Do balão? Eu sou Carter, Howard Carter. – quando o inglês se preparava para esticar o braço para cumprimentá-lo, o vendedor o impediu e, olhando de cima a baixo para o foragido, comentou:

– "Aperte-lhe a mão, mas confira os dedos depois." Será que ainda não aprendeu, meu amigo, esse moleque é encrenca. Olha só o que ele fez com o meu telhado!

– Já disse para não se preocupar.

– Já me arrependo de não ter entregado esse garoto para polícia. Esse garoto não passa de um ladrão.

– Não creio, meu caro Amir! Minha intuição diz que, seja o que for que tenha provocado a ira daquele bando de guardas, o moço aqui é inocente.

– Você e sua intuição. É por isso que ainda continua cavando no Vale à procura de uma tumba que não existe. Você não tem jeito mesmo.

– Não amole, Amir! Eu não quero falar sobre isso agora. – Carter voltou-se para o jovem que amarrava o tênis. – E então, pensei que ainda estivesse no acampamento, desacordado. Como veio parar na cidade e já arranjando tanta desordem?

– Eu vim pra cá com Jamal e Hanset.

– Verdade! E onde estão eles?

– Eles estão numa loja – disse Caio. – Eu estava dando uma volta quando o pessoal achou que eu tava metido num roubo, mas eu não tive nada com aquilo. Eu juro!

– É o que todos vocês dizem – implicou o dono da venda.

– Deixe-o em paz, meu velho! – protestou Carter se aproximando do rapaz. – Diga-me uma coisa, meu rapaz, por acaso os nossos dois amigos estariam na venda de um comerciante... o nome dele seria Salim?

O silêncio fez o inglês acreditar que sua suposição estava correta.

– Pobres coitados! – sentenciou Carter. – Aqueles dois foram procurar informação logo com a velha raposa. É, Salim vai arrecadar mais moedas hoje. Eles deviam ter me avisado que pretendiam ir lá.

– Como mais moedas? – indagou Amir. – Carter, você não vai me dizer que...

– Mas é claro que estive lá. Onde mais se pode conseguir mapas antigos tão completos ou encontrar peças roubadas? Essas peças podem dar ótimas pistas de onde tumbas podem estar escondidas. Uma pena que Salim não tinha nenhuma novidade.

– Poderia falar comigo – chateou-se o egípcio, cruzando os braços.

– Minhas informações são mais confiáveis e não roubo ninguém.

– Você está cansado de saber que a família de Salim é imensa e todos são ladrões de primeira linha há séculos. Ninguém conhece essa região como eles. Sem essa gente, o professor Maspero, por exemplo, não teria dado início a uma das maiores descobertas arqueológicas. Ele não teria conseguido se não tivesse ido atrás do ladrão que estava entupindo o mercado negro com peças de uma antiga dinastia. Peças que iam parar nas casas dos ricaços ao invés de serem expostos no Museu do Cairo dirigido com muito sacrifício pelo professor.

– Isso era caso de polícia – esbravejou Amir, pegando uma garrafa de vinho e a colocando em cima da mesinha.

– Que nada! – Carter pegou a garrafa, arrancou a rolha com os dentes e bebeu direto do gargalo. Em seguida, limpou a boca na manga da camisa e continuou. – A polícia egípcia não deu a mínima sobre o caso. Maspero precisou enviar seu assistente disfarçado de turista rico americano para investigar de onde estavam vindo as peças. Uma missão bem perigosa por sinal – o inglês foi até o balcão, serviu-se de um pedaço de queijo de cabra num prato e prosseguiu com a história.

– Perigosa como? – Caio estava a se sentar, mas o dono da venda o empurrou.

– Como? – Carter esboçou um sorriso, satisfeito de ver o interesse de Caio. – O auxiliar do professor percorreu dia e noite as ruas fazendo-se de colecionador. Quando obtinha boas informações dos comerciantes sobre peças roubadas, ele os recompensava com uma grande soma de dinheiro.

– Sei, sei! – zombou Amir. – E o pessoal não desconfiou de nada.

– Mas é óbvio que custou para ganhar confiança – irritou-se Carter, batendo a mão contra a própria perna. – No início, o pessoal tentou várias vezes empurrar suas "antiguidades" pra ver se enganava o assistente. Mais tarde, a coisa se complicou. O assistente teve que enfrentar um assalto numa das ruelas escuras. Noutro dia, acabou se metendo em uma briga, enfrentando homens com facas... quanta ação para desvendar um caso!

– Esse assistente mais parecia um detetive. – Caio aproximou-se de

Carter e mais uma vez Amir o empurrou para poder passar. Carter bebeu mais uns goles e emendou.

– Mas do que isso. O moço era um ótimo ator! Depois de toda essa aventura, de tantos imprevistos, ele ainda teve peito de continuar com sua encenação. Por vossa majestade, como valeu! Finalmente, conseguiu por a mão numa estatueta autêntica. Como deve ter sido difícil fingir que aquilo não o interessava e disfarçar sua alegria na frente daqueles homens. Eu jamais conseguiria – o inglês parecia estar embriagado com sua própria narrativa. – Sabia que ele teve tanto sangue frio que chegou a pechinchar o preço? Dá pra acreditar?

– E daí? – disse Caio. – O que aconteceu?

– Bem, no final, ele falou aos homens que aquilo não era suficiente. Que desejava algo bem maior e, no mesmo dia, o pessoal arrumou um contato com o árabe, Abd-el-Rasul.

– E o que mais? – insistiu Caio, empolgado.

– Depois de alguns dias, trocando muita conversa mole, o árabe mostrou outros objetos. Desta vez, eram peças mais antigas do que a anterior e, convencido de que estava diante do ladrão de túmulos, ele mandou prendê-lo.

– Mas que idiota! – zangou-se Caio. – E como ele iria achar agora o local de onde vinham as peças?

– E isto não foi o pior – falou o inglês com a boca cheia de pedaços de queijo. – Graças aos amigos vizinhos que testemunharam a favor do ladrão e por "falta de provas", Abd foi liberado.

– Que novidade! – ironizou o egípcio, servindo-se de um copo de água perto do balcão. – Isso sempre acontece.

– Calma! Eu não terminei. – Carter limpou as mãos na calça do terno e se sentou novamente. – Um mês depois, um parente, cúmplice do árabe, com a consciência pesada, acabou confessando tudo à autoridade da região, o *mudir* Daúd Paxá. Contou que Abd e sua numerosa família, há mais de seis anos, tinham formado um pacto de manter segredo sobre o esconderijo das múmias que ficava num poço camuflado com pedras. Que descoberta! Abd, sem escolha, foi obrigado a levar o especialista

Brugsch, um colega de Maspero, ao local.

– E o que houve com o assistente? – Caio prosseguiu com interesse.

– O infeliz estava de cama com febre e não pôde ir junto com eles. Sabe o que ele deixou de ver? – Amir e Caio se fixaram no inglês, segurando aquele suspense. – Dentro daquela câmara improvisada, num buraco com mais de dez metros de profundidade, o egiptólogo encontrou sarcófagos, todos amontoados. Vocês podem imaginar a emoção de achar quarenta múmias de uma só vez? Nada menos do que Tutmés III, Amosis I, Amenotep, Seti I, Ramsés II... e, ainda por cima, achar adereços e objetos preciosos espalhados no chão por toda parte.

– Acharam Ramsés? – Caio parecia aborrecido, mesmo assim foi até o prato de queijo e se serviu de dois pedaços de uma vez. – Que pena que morreu! Eu gostava dele.

Amir, cobrindo a boca com a mão, foi recuando devagar para longe daquele doido como quem tivesse medo de se contaminar com aqueles delírios. Carter, sem se importar com a fala estranha de Caio, continuou a divagar retendo lágrimas.

– Imaginem, só! Todas aquelas múmias e suas preciosidades que foram protegidas pelos antigos sacerdotes. Esses poucos homens religiosos conseguiram burlar os ladrões de túmulos.

– Como? – indagou Caio com a boca cheia.

– Como? Roubando primeiro – pôs-se Carter a elucidar. – Ao mesmo tempo em que os ladrões se esgueiravam pelos túneis abertos por eles ou indicados por empregados, os sacerdotes também se preparavam às escondidas. Assim tiravam os faraós de seus túmulos no Vale para salvá-los do roubo e da profanação. Um cortejo de sacerdotes, três no máximo, sob a proteção dos raros guardas que se conservaram fiéis, transferiram as múmias para longe em uma verdadeira missão secreta.

– Então foi assim que eles conseguiram salvar? – riu Caio, batendo a mão no balcão. – Que demais.

– Mas não foi fácil, não – prosseguiu Carter, cruzando as pernas. – Os reis mortos tiveram que peregrinar muito para poderem conquistar o seu repouso eterno. A guerra entre os ladrões e os sacerdotes tinha de tudo. Bastava vazar informações de ambos os lados e tudo ia por água abaixo. Os sacerdotes eram obrigados a procurar um novo esconderijo... os ladrões procuravam sacerdotes traidores ou altos funcionários corruptos para conseguirem cobertura e esses afastavam os guardas ou os subornavam... os sacerdotes fiéis em contraconspiração chegavam a matar os carregadores para manterem o segredo...

– Deve ter sido assim que se perdeu a localização do esconderijo – foi supondo o egípcio. – Esse vai e vem de múmias... ou talvez só tenha terminado graças às grandes chuvas que alagaram e taparam a entrada e assim foram esquecidas de vez. Por Alá! Aquelas múmias reais só tiveram sua paz eterna profanada quando um simples ladrão, por puro acaso, as descobriu.

– Pois é, Amir – Carter acenava a cabeça pra cima e pra baixo. –, só levou 3.000 anos para que os grandes reis retomassem ao mundo dos vivos.

– Que história! – Caio, mais desperto, pegou seu boné caído no chão e, dando uma sacudida para tirar o pó branco, enfiou-o na cabeça.

– Uma das minhas favoritas – finalizou o inglês, voltando-se para o garoto que se servia do último pedaço de queijo. – E, então, meu caro protegido, você ainda não me disse seu nome.

– Eu não me lembro. Eu não sei quem sou, nem de onde venho. Estava quase me lembrando enquanto eu assistia o encantamento da cobra lá na praça quando a chata da mulher gritou " Ladrão!". Merda! Mais um pouquinho, e conseguiria me lembrar. Desse jeito vou ter que continuar usando o nome que Jamal e Hanset me deram.

– E qual é? – interrogou Carter.

– Haj – murmurou Caio.

– Muito conveniente essa sua falta de memória – suspeitou o dono da venda. – Que tal mudarmos seu nome pra ladrãozinho?

– Pare com isso! – revoltou-se o inglês que se levantou e ficou um tempo pensativo. Em seguida, virou-se para Caio. – Aposto que você está desesperado por ter perdido sua memória – imaginou Carter, enquanto andava de um lado pro outro. – Que qualquer lembrança que tiver, por menor que seja, você tentará agarrá-la custe o que custar. Que se sente extremamente vazio e a angústia o está devorando por não saber quem é ou como foi o seu passado... você sente uma grande dor, um tormento com isso. Enfim, acredita que ninguém sente sua falta e que está abandonado no mundo. Começa a acreditar que se não lembrar de seus erros no passado, poderá cometer os mesmos erros no futuro... que vai ter que começar do zero. – Carter se aproximou do rapaz cabisbaixo e falou num tom acalorado. – Que coincidência, meu caro jovem! Eu também estou procurando o passado.

– Como? – Caio ficou perplexo. – Não entendi. Vai me dizer que você perdeu a memória também?

– Caso você ainda não tenha presumido, meu amigo, eu sou um arqueólogo. E, como todos os meus colegas, passo a vida à procura de lembranças. Procuro toda espécie de pistas, sejam elas grandes ou pequenas. Dedico-me a investigar, a procurar por antiguidades, por civilizações esquecidas. Em suma: farejo o passado e, quando o desenterro, tenho o prazer de sentir o conhecimento da humanidade em minhas mãos. Eu as arranco do silêncio fazendo com que contem sobre o nosso passado e assim desvendo quem somos e como será o nosso futuro.

– Mas como alguém pode saber o futuro estudando o passado?

– Fácil, meu caro rapaz. O passado revela nossas origens. Os erros e os acertos dos povos antigos nos dão experiência. E como a história tende a se repetir, saberei qual o futuro que nos espera.

– E eu nunca entendi por que você teima em procurar esse passado naquele vale – implicou o egípcio. – Você já sofreu tanto com esse trabalho. Por que você não desiste e procura em outro lugar? Aquela região já foi mais que remexida. Dúzias de cientistas já estiveram na sua área de escavação. O Vale dos Reis está com os dias contados. Todo mundo sabe disso.

Carter apoiou seu braço nas costas de Amir e argumentou.

– Você já pegou alguma vez um livro, uma história sobre um crime, e ficou bem empolgado com a trama? E quando estava prestes a desvendar toda história... quando vai, finalmente, saber quem é o assassino, por que matou, como aconteceu, o que vai acontecer com o herói... somente nesse momento é que se dá conta que está faltando exatamente a página com todas as respostas? – o dono da venda se silenciou, bem contrariado.– Entende agora? É assim que me sinto. Nesses últimos anos, tenho andado muito aflito, com o mistério que está enterrado naquele vale.

– Aflito? – aborreceu-se o dono. – Aflito, estou eu com minhas vendas. Você está obcecado.

– Está bem! Está bem! Eu admito. Mas eu preciso decifrar o enigma que já dura mais de 3.000 anos e eu sei que estou muito próximo de solucioná-lo. Não! Eu não vou sair de lá sem a resposta. De jeito nenhum.

– Por Alá em Sua sabedoria, eu desisto. Você não tem mais jeito, Carter – ralhou Amir, nervoso, derrubando o prato vazio. –Maldição! Que desordem está tudo isso aqui.

– Bem! – o cientista consultou um relógio de bolso. – Tenho que voltar pro acampamento. Gostaria de uma carona, Haj?

– Mas e quanto a Hanset e Jamal? Eles não sabem onde estou?

– Não se preocupe. – Carter olhou para o negociante. –Você pode avisá-los que levei o garoto para o acampamento, meu amigo?

– Ei! Esperem aí! – Amir segurou com força o ombro de Caio. – Quem vai pagar por todo esse estrago? O rapaz fica.

– Eu pago, seu velhaco ranzinza! – destratou Carter, pegando um chapéu branco em cima do balcão. – Pode botar na minha conta. Haj vai pagar trabalhando pra mim. Estou sempre precisando de gente boa pra ajudar nas escavações. O que acha, Haj?

– Alá sobre ti, meu amigo ingênuo. "Pai dele, alho; mãe, cebola. Como pode ele cheirar bem?" Esse garoto lá sabe o que é trabalho duro? Ficar o dia todo enfurnado naquela areia?

Carter apoiou-se na parede e cruzou os braços.

– Se os pais de Haj não cheiravam bem, eu não sei. Mas o meu faro não me engana. Esse garoto é de uma boa safra. – Amir ficou bronqueado com a resposta e foi para o fundo da loja e Carter, sem se importar com a saída do velho amigo, voltou-se para o garoto indeciso. – E então, meu caro, você vai trabalhar pra mim ou será que prefere ficar aqui e se ver com o pessoal da cidade?

Capítulo 6

Com o entardecer, o acampamento dos cientistas no Vale dos Reis, com aquele alucinante movimento, foi dando espaço para o retorno do sossego ancestral.

Após Carter parar sua caminhonete, com a ajuda de dois empregados que usaram umas pedras para prender as rodas do veículo sem freio, dirigiu-se a uma das tendas. Distraído, nem se lembrou de segurar a porta de pano para Caio que vinha logo atrás.

Foi com surpresa que o garoto, após tirar a porta da cara, adentrou pelo recanto iluminado por uma pequena lâmpada presa no teto, e que, apesar do pouco espaço, continha todo o material de trabalho: vários instrumentos minuciosamente organizados e embalados. Mas seu interesse maior foi quando, andando para o fundo da tenda, notou uma gaiola com um pano a cobrir onde Caio achou um canário adormecido.

O cientista, sem perder tempo, jogou o terno e o chapéu numa cadeira, acomodou-se na frente de uma mesa e pôs-se logo a escrever. Muito concentrado, ficou ali por alguns minutos, quieto, enquanto Caio se sentou na cama observando o inglês. Era muito estranho como Carter não parava de recitar um poema sem deixar por nenhum momento de trilhar com dedos as linhas escritas naquele papel já bem amassado. Caio teve a impressão de que o estudioso estava contando letras e mais letras de cada verso e anotando o resultado num caderno ao lado. A testa enrugada do arqueólogo delatava sua tensão. Parecia que era crucial calcular o número de letras daquelas palavras que soavam sem sentido. Carter levava o lápis na boca e seus olhos vagavam como se estivessem à procura da solução de um enigma.

Mais adiante, dois homens brancos, usando camisas claras, calças largas, chapéus de abas largas e botas longas pretas, entraram na tenda.

– Olá, Davis! – Sem deixar de organizar os papéis, Carter cumprimentou um dos homens que parecia ser mais velho. – Você também aqui Callender! Trouxeram alguma notícia do Cairo? Minha encomenda chegou?

– Não, Howard. O seu gerador ainda não chegou. Por que você não usa esse dinheiro pra consertar o caminhão?

– Não é importante.

– É mais importante, sim. Pra que o gerador se não tem nenhuma tumba pra iluminar.

– Será que vocês não podem parar de meter o nariz no meu trabalho? Eu não preciso ouvir isso. Vocês não estão me ajudando em nada, então sumam!

– Você está sendo injusto conosco – criticou Callender. – Você nos trata como se fôssemos seus escravos.

– Todo mundo já revirou essa sua área – descarregou Davis. – Você acha mesmo que vai encontrar algo e ainda por cima bem no meio do Vale? – um silêncio despencou no meio daquela discussão. Davis, respirando fundo e, afastando o chapéu da testa, voltou-se para Carter, impondo uma fala paternal. – Pense bem, meu amigo: se tiver... se tiver algo valioso pra ser encontrado aqui, certamente será na parte mais remota do Vale. Howard, quando vai encarar a realidade?

– Quando eu a desenterrar – contra-atacou o inglês num tom áspero.

– Mas você já "rapou" todo o local.

– Não! Ainda falta verificar embaixo das cabanas dos trabalhadores da antiga dinastia. Já estou quase terminando com a demolição. Assim que acabar, poderei cavar mais fundo...

– Mas é o lugar por onde você começou há anos e lá só encontrou pequenos objetos sem importância. Pra que voltar lá?

– Eu não pude terminar a escavação lá. Tive que desviar a escavação daquela área por causa dos irritantes turistas que me impediram de continuar meu trabalho tal como vocês agora.

– E o que você queria que eles fizessem? – intrometeu-se Callender. – Eles só queriam ver o túmulo de Ramsés VI. Eles não têm culpa se um excêntrico que cismou de jogar entulho bem na entrada principal.

– Mas, quando vocês vão entender? – Carter levantou-se e, empunhando as mãos em direção ao chão, desabafou. – Fui eu que sugeri a Carnarvon tomar como ponto de partida o triângulo formado pelas distâncias entre as tumbas de Ramsés II, Merenptah e Ramsés VI. Tive que fazer muitos cálculos para chegar à conclusão que ali seria o melhor lugar. Tudo é de minha responsabilidade.

– Não sei como George ainda está nisso – disse Davis com ar de preocupação.

– E eu espero que continue. Estou bem perto. Eu sei.

– Você está dizendo isso há anos.

– Eu não tenho culpa. Se não tivesse estourado a Grande Guerra, já teria conseguido. Maldição! Só pude retomar os trabalhos três anos depois. Que desperdício de tempo.

– Tempo demais– reagiu Davis, sem paciência. – Já me arrependo muito. Se não tivesse passado pra você a concessão dessa área, você não estaria tanto tempo nessa procura sem fim.

– Você passou a concessão porque acreditou que já tivesse achado, naquele lugar ínfimo, a tumba de Tutancâmon.

– E estou errado? Eu achei taças, o cofre despedaçado, o vaso e os selos que continham o nome de Tutancâmon, um nome de faraó que antes ninguém tinha ouvido falar.

– Eu disse a você e volto a dizer: aquele lugar jamais poderá ter sido uma tumba real. Nenhum rei da décima oitava dinastia seria sepultado num túmulo tão vulgar, mesmo se fosse um faraó que tivesse reinado pouco tempo. Aqueles potes de cerâmica que você encontrou continham pedaços de linho. Isso só pode indicar que você achou apenas o lugar onde a múmia foi preparada pro funeral.

– Pode ser, mas...

– Mas nada! – Carter agitava os braços, ferozmente. –Você desistiu, Davis, de procurar, mas eu não.

– Como eu poderia continuar? Depois de patrocinar tantas escavações e não encontrar nenhuma intacta. Foram doze anos, trinta tumbas e nada! – Davis silenciou com a fisionomia abatida, mas depois de recuperar o controle, prosseguiu num tom mais calmo. – Quando achei a KV7, só achamos mais uma tumba saqueada, foi aí que comecei a crer que cada grãozinho desse lugar já tivesse sido peneirado! Não dava mais para prosseguir sem ter nenhum retorno.

– Você não pode reclamar – cortou Callender. – Achou a KV57.

– Do que adiantou? – Davis estava a refletir com o olhar perdido. – Edward a desenterrou e só vimos uma tumba sofrida por alagamentos e cheia de destroços.

–Ela era diferente de todas as outras grandes tumbas reais da décima oitava dinastia.

– Sim. Mas ao invés de encontrar uma tumba com decoração e tudo mais diferente, é claro que daria tudo para ter uma tumba com ouro até o teto. Quando financiei a KV54, e só encontrei aqueles restos com selo de Tutancâmon, comecei a perder as esperanças.

– Aquele lugar deve ter sido a tumba do faraó, só que como todas as outras, ela foi saqueada.

– Depois me chama de teimoso – rebateu Carter. – O verdadeiro local de Tutancâmon ainda está escondido.

– Carter – Davis deu uma pausa, esfregava a testa como se estivesse a recuperar o fôlego. –, mesmo que você tenha razão, creio ser impossível encontrar essa tumba intacta. O Vale já deu o que tinha que dar. Já achei as múmias que tinha que achar, e pronto! Por que você não vai pra casa?

Lá você pode se distrair e descansar um pouco. Seu criado já esteve aqui e deixou o recado que os sacos de gelo já chegaram e que já estão acomodados no assoalho da banheira...

– É verdade – apoiou Callender. – Vai ser um desperdício todo esse gelo. Não é todo mundo que tem a sua sorte de poder tomar um banho com água gelada nesse fim de mundo.

– Cinco anos! – lamentou Carter com olhar voltado para mesa. – Cinco anos de escavações e o dinheiro só diminuiu. Será que vocês não sabem que não posso ficar sem dar retorno a George?

– E daí! – aborreceu-se Callender. – O seu estimado Quinto Lorde de Carnavon é rico.

– Daí que ele é rico, mas a paciência dele esgotou. Ele já me ameaçou de ter as escavações canceladas, se querem saber. E se isso acontecer, o meu nome será jogado nas areias como mais um fracassado. Vocês nem imaginam como foi difícil convencer George a me apoiar nessa última tentativa.

– Howard, escute um conselho! – Davis tentou se aproximar do amigo tenso.

– Chega, Davis! – enfureceu-se Carter, afastando-se dos dois implicantes. – Pra mim a conversa acabou! Eu não vou ser como uma pessoa que anda perto do mar e quando olha pra trás vê que suas pegadas foram apagadas. Sim, eu quero deixar a minha marca e não vai ser uma qualquer. Quero dar um passo inesquecível na história e vou lutar por essa última chance.

Carter saiu de rompante da tenda. Os dois colegas ficaram ali, em pé, recuperando-se da discussão e só então repararam na presença de Caio ainda silencioso no canto da barraca.

– Quem é você? – questionou Callender surpreso.

– Sou Haj – assumiu Caio de vez o nome dado a ele, sem vontade de contar mais uma vez sobre sua “amnésia temporal”. – Vim aqui para trabalhar pro Carter.

– E pra variar, ele foi rude – suspirou Davis. – Largou você aí e foi embora. É bem típico de Carter fazer essas coisas. – Callender concordou com o colega, gesticulando a cabeça. Depois de cumprimentar os dois com um leve aceno, Davis esticou a mão para o rapaz. – Sou Theodore Davis e esse é A. R. Callender.

– Carter está bem nervoso.

– Ah, rapaz, claro que não! – arremessou Davis com um sorriso irônico. – Ele está num bom dia. Tem que vê-lo realmente enfurecido. É bem pior que uma tempestade de areia.

– Carter só é o pior birrento que eu já vi – conduziu Callender, que muito apreensivo sentou-se na mesa.

– Mas é claro que é! – lançou Davis, colocando a mão na cintura. – Só lamento por não ter conseguido convencê-lo, mas por um lado sei que a vida de um arqueólogo é dura e Carter está por um fio de ficar arruinado.

– Ah, Davis, não venha com essa! – rebateu o parceiro. – Isso não é motivo pra ele ser uma rocha de teimosia. Ele tem que saber quando parar de perseguir um sonho.

O bate-boca entre os colegas foi crescendo e Caio ficou assistindo.

– Parar! – contra-atacou Davis, mantendo-se em pé na frente do colega curioso que remexia nas folhas desenhadas deixadas na mesa. – Carter sempre correu atrás do que queria. Desde jovem mostrou ser bem determinado. Isso sim! Aprendeu árabe, ensinou inglês pros trabalhadores, coisa essa que ninguém tinha paciência de fazer. Foi devido à "rocha de teimosia" que conquistou vários méritos. Ele é um dos pouquíssimos que consegue desenhar os hieróglifos com tanta perfeição.

– É por ser essa rocha que ficou tão mal anos atrás – insistiu Callender na mesma jogada. Zangado, largou as folhas e virou-se para Davis. – Já esqueceu da confusão que ele se meteu com os turistas franceses?

– Ele estava certo de fazer aquilo– reagiu Davis, preocupado em proteger o canto obscuro do passado do amigo arqueólogo.

– O que ele fez? – quis saber Caio. Callender, com a vantagem a seu favor, tomou a palavra, apesar da expressão de censura do companheiro.

– Um bando de franceses bêbados fez a maior baderna em um dos templos. O nosso Carter, o nosso cavalheiro inglês de terno branco reluzente juntou-se aos guardas egípcios que tentavam controlar a situação, mas Carter perdeu a pouca calma que tinha e derrubou a socos os arruaceiros. Pra piorar, os expulsou. No dia seguinte, os franceses levaram o caso ao consulado francês e exigiram que Carter se desculpasse.

– E o que aconteceu? – Caio levantou o assunto, embora percebendo que Davis, posicionado no fundo da tenda, estava com dificuldades na defesa de Carter. Callender, sem dó, respondeu num só golpe.

– Carter foi afastado do Serviço de Antiguidades. Ele recusou desculpar-se e não teve ninguém que o fizesse voltar atrás.

– Eu sei que ele não foi nem um pouco diplomático, mas... – confirmou Davis que em seguida deu uma trégua. Tacou um cigarro na boca e, segurando um isqueiro com uma mão nervosa, acendeu-o. Largou uma rápida baforada em cima de Caio que a rebateu para bem longe. Davis, quebrando o silêncio, voltou à discussão. – Callender, você também tem que admitir que ele tinha razão.

– E adiantou alguma coisa? – largou o adversário ferozmente. – Ele foi demitido, não foi? Perdeu tudo! Custava a Carter engolir o orgulho?

– Não era uma questão de orgulho – Davis disputava palmo a palmo, apesar de estar visivelmente cansado –, mas sim, no que Carter acreditava ser o correto a fazer.

– Você acha! – acertou Callender, num tom cheio de efeito provocativo. Caio permanecia neutro, observando o desfecho final do duelo. – Carter é um ingênuo. Sabia que os egípcios não poderiam jamais fazer nada contra os europeus, mesmo assim acreditou que, tomando partido dos guardas, ele faria diferença. Ele só piorou a situação. Não viu que, pra não haver um conflito internacional, Petrie, a muito contragosto, foi forçado a demiti-lo? E você sabe que foi por isso que Carter perdeu sua concessão de escavar onde desejasse? – arriscou Callender, agora sem forças. – Que humilhação! Ficou três anos sem trabalho... perdeu tudo, incluindo seu prestígio.

– Foi horrível. Foi mais horrível ainda vê-lo como a um vagabundo, perambulando nas ruas, se embebedando e se aguentando como guia – soltou Davis, já tentando encerrar a rixa. – Ele nunca soube que por diversas vezes pedi pra uns garotos comprarem suas aquarelas com a desculpa de que uns turistas as queriam. Como fiquei feliz, quando soube que Maspero o tinha indicado para o lorde Carnarvon. A experiência de Carter era exatamente o que faltava para aquele nobre culto, colecionador de antiguidades e de aventuras, mas também um campeão em levantar um bocado de poeira...

– É, o lorde foi um verdadeiro achado – encerrou Callender, dando um tapa nas costas do colega. – Pena que todo esse trabalho não vai dar em nada.

– Uma pena – concluiu Davis entristecido.

Os três estavam em silêncio até Caio tomar a conversa.

– Eu só queria saber uma coisa: a qual faraó pertencia a tumba KV57?

– Era de Horemheb.

– Ele foi importante?

– Pouco se sabe sobre a vida dele, mas parece que ele foi um plebeu que se tornou comandante das forças militares e e uma espécie de diplomata de Tutancâmon que Horemheb chamava de faraó menino. Durante o reinado de Tutancâmon, Horemheb atuou também como conselheiro real juntamente com o vizir. Quando o jovem faraó morreu inesperadamente, o vizir queria tornar-se faraó e para isso preparou-se para casar rapidamente com a viúva, a jovem Anchesenamon. Mas a garota não deve ter gostado nada de se casar com um homem sem sangue real e por isso entrou em ação.

– Como assim?

– Foi descoberta uma carta em Hattusa, a capital do reino dos hititas, que supomos ter sido escrita por Anchesenamon. Nela a rainha dizia que o marido dela tinha morrido e não tinha deixado filhos e pedia ao rei hitita para enviar um de seus filhos para se tornar marido dela, pois nunca elegiria um dos servidores dela para torná-lo marido e na carta ela dizia que estava com medo.

– Medo de quê?

– Não sei ao certo. – Davis tirou os óculos e esfregou os olhos cansados. –, só sei que o rei hitita ficou desconfiado que fosse um truque, afinal, os hititas e egípcios sempre tiveram richas, por isso ele pediu garantias. Por outra carta, Anchesenamon deu as garantias que podia, daí o rei enviou o filho para ser o faraó, porém, pelos registros dos hititas, o príncipe foi assassinado antes de atingir a fronteira.

– Por quem?

– Pode ter sido pelo vizir ou Horemheb, os dois tinham muito a perder. Seja como for, há muito ainda o que descobrir.

– Pra mim foi o vizir. Ele conseguiu se tornar faraó?

– Sim, o Professor Percy Newberry encontrou um anel no com a gravação dos nomes Anchesenamon e Ay, mas não sabemos o que houve com ela depois de ter se casado. Não achamos ainda nenhum registro sobre o paradeiro da rainha.

– Eu acho que os deuses não estavam apoiando esse vizir – comentou Callender, enquanto acendia um cigarro.

– Por que diz isso? – indagou Caio.

– Ora, ele só governou por quatro anos e Horemheb, finalmente, assumiu o trono e uma das primeiras coisas que fez foi apagar tudo, todas as obras que constassem o nome do seu antecesor.

– Então como vocês sabem que Ay era o nome desse vizir ou se ele chegou a ser faraó?

– Você é um verdadeiro investigador, rapaz – ria Davis para Callender que acenava a cabeça. – Nós sabemos por que encontraram a tumba do vizir aqui no Vale do Reis e, apesar de terem tentado apagar a identidade do dono da tumba, pois rasparam o nome e sumiram com a múmia, achamos um pequeno cartucho gravado na parede onde destacava o nome Ay. As pinturas da tumba deram indícios que Ay tinha sido o faraó que sucedeu ao Tutancâmon e estava no poder desde a época de Aquenáton, pai de Tutancâmon.

– A tumba de Ay seria uma das mais luxuosas se não tivesse sido destruída – lamentou Callender.

– Pode ser – discordou Davis, esfregando os bigodes grisalhos que se ligavam aos cavanhaques. – No entanto eu acredito que a mais rica teria sido a última tumba que descobri se não tivesse sido...

– Saqueada – completou Callender, rindo.

– Está falando da tumba KV7?

– Sim – sorriu Davis para Caio. – Prestou bem atenção, rapaz.

– E de quem era essa tumba?

– Do faraó Ramsés II.

–De Ramsés! – A fisionomia de Caio mudou completamente. – Vocês também encontraram de Nefertari?

– Você o conhece? – os dois homens estranharam ao notarem aquele conhecimento que Caio demonstrava ter ao indagar pela rainha e primeira esposa e Ramsés II.

– Se conheço? Mas eu estive com ele na...

Uma voz, vinda do lado de fora, interrompeu a conversa.

– Haj! – chamou Carter, segurando a porta de pano da tenda. – Ah, vocês ainda estão aí. – Carter parecia mais calmo, mas ignorou os amigos e foi até Caio. – Venha comigo, Hanset quer falar com você.

– Algum problema?

– Acho que não, mas é bom falar com ele e contar sua versão sobre o que houve na cidade.

– O que houve lá? – indagou Davis.

– Vamos lá Haj! – insistiu o inglês, puxando o braço do garoto e afastando-se dos dois homens. – Quero que vá para a tenda de Hanset e depois tire uma boa soneca. Quero que dê o máximo de si amanhã. – Carter, antes de sair da tenda, olhou como se estivesse a desafiar aos dois que estavam irritados por ver que estavam até aquele momento sendo ignorados. – Vamos logo! Precisarei de todos os braços fortes que eu puder arranjar. Tenho que terminar amanhã, sem falta, a demolição das cabanas. – Os dois homens suspiraram como que derrotados, enquanto Carter deu o ponto final da provocação. – Das línguas afiadas, quero distância.

Capítulo 7

Após uma noite ao compasso dos intermináveis roncos de Hanset, mas com a felicidade de ser seguida por um café da manhã farto e tranquilo, Caio foi levado para junto de um grupo de homens que se preparava para ir à área das cabanas dos antigos trabalhadores das tumbas dos faraós. No meio da caminhada, carregando uma picareta, sentiu algo mordiscando sua orelha. Ao se virar, deu de cara com um animal pequeno de focinho arredondado, mais parecendo um esquilo, encarando-o com seus olhinhos curiosos. Muito ágil, o animal não parava de fazer cócegas com sua cauda peluda marrom no seu pescoço.

– Sami! – gritou um jovem moreno se aproximando de Caio, fazendo um sinal para o bichinho que logo se aconchegou nos ombros do dono. – Quantas vezes já lhe disse pra não se afastar!

– Que bicho é esse? – perguntou Caio, brincando com o pequeno.

– Ah! Sami? Ele é o meu furão. – o rapaz deu uma olhada em Caio e indagou. – Ei, você não é o garoto que armou uma confusão na feira?

– E você é o cara das cobras, não é? Foi demais aquele seu show. Por acaso vai fazer outro aqui pro pessoal?

– Ah, não. – Nasser se sentia lisonjeado. – Aquilo foi só pra conseguir umas moedas. O meu trabalho mesmo é aqui junto com meus tios e primos, tirando os entulhos ou dando uma de guia pros turistas.

– Me diga uma coisa. Como é que você consegue fazer aquela cobra ficar daquele jeito seguindo a sua mão?

– Isso é segredo.

– E você já foi mordido por uma cobra?

– Várias vezes. Mas isso só aconteceu quando eu era pequeno.

– Essa, não. Que eu saiba uma mordida daquela Naja e você já era. Tem que haver um truque. Como é que você faz?

– Isso é segredo – relutou o garoto. – É uma arte que está na minha família há séculos.

– Aposto que você tirou o veneno da cobra – provocou Caio. – Ou será que você cortou os dentes dela e colocou uns falsos?

– Que é isso! – Nasser se ofendeu. – Só amadores fazem uma coisa dessas. Um entendedor como eu jamais faria isso. Eu consigo porque calculo a distância do bote e...

– Erra – debochou Caio, dando uma pequena risada. – Você vai me dizer que sabe direitinho quando a serpente vai dar um bote. Que não se arrisca.

– É claro que alguns acidentes acontecem, mas como eu já domino essa magia...

– Magia, é! – vibrou Caio. – Sério, como você consegue fazer pra encantar cobras?

– Existe mesmo um encantamento – revelou Nasser, mais descontraído. –, mas quem fica encantado são os gringos. O que faço é capturar uma serpente. Eu a prendo e a deixo um certo tempo sem comer. Aí passo um rato ou urina de rato na ponta dos dedos, coloco ela na cesta, e aí vou pra rua exibir o meu grande talento. A cobra com fome sai da cesta e vai acompanhando os movimentos da minha mão, dando a impressão de que ela está "encantada". Tá entendido agora, tá?

– Entender, eu entendi. Mas...

– Mas, o quê!

– Será que na próxima vez vocês não podiam tocar um som mais incrementado? Por sua causa, acabei em transe, me meti naquela enrascada.

– É! E você iria implorar por um rato depois de ver a comida da cadeia.

Os rapazes já se entendiam muito bem quando o egípcio deu uma pausa por um instante e ficou a reparar no novo amigo.

– Que roupa estranha a sua. Quem é você?

– Eu não sei.

– Ah, você deve ser o garoto sem memória que encontraram no deserto.

– Como é que você sabe?

– Aqui tudo passa rapidinho – disse Nasser, rindo enquanto tentava tirar a mascote de cima do seu turbante. – O meu tio Harim cuidou de você. E aí! Como é ficar sem se lembrar de nada?

– Nasser! – interrompeu uma garota se aproximando pelas costas de Caio.

– Olá, Samira! – respondeu o moreno, virando-se para a moça de cabelos negros que carregava nos ombros uma vara de madeira com um balde em cada extremidade.

– Querem um pouco de água? – perguntou ela com uma voz tímida e já pegando uma concha presa no seu cinto feito de cordas.

– Claro! – gaguejou um pouco Nasser. Ele, meio desajeitado, pegou a concha oferecida pela moça e sem deixar de apreciar aquela face de pele dourada com olhos encantadores, comentou: – Nada como água fresca depois de um dia quente trabalhando no pesado.

– Trabalho pesado! – exclamou Caio, inocentemente. – Mas a gente nem começou!

Na mesma hora, Caio levou, discretamente, uma cotovelada do moreno. A jovem trabalhadora, um pouco acanhada, largou o peso das costas e fixou-se no visual do forasteiro.

– Quem é ele, Nasser?

– Ah, ele. Ele é um ninguém. – Samira virou-se, sem entender, para Nasser que sorrindo explicou. – É o garoto que não sabe quem é.

– Então é você o garoto sem memória? – admirou-se Samira. Caio confirmou com um aceno de cabeça e comentou:

– Me chamam de Haj agora.

– Viu! – persistiu Nasser na implicância. – Até tiveram que dar um nome pra ele. É isso que dá: sem memória vira um ninguém.

– Nasser – repreendeu a moça, oferecendo água a Caio que recusou. – ninguém deve ser chamado de ninguém, principalmente quando se perde a memória. – ela se aproximou mais ainda do novato que só então sentiu um aroma de jasmim envolvendo a garota. – Não fique chateado, Haj. – disse ela num tom meigo. – Tenho certeza de que, quando menos esperar, você vai se lembrar de seu nome, de tudo.

– E aí vai descobrir que não passa de um senhor Ninguém – sussurrou Nasser ao sentir Samira tão seduzida com o desconhecido.

– Pare com isso, Nasser – ralhou a jovem. Nasser, contrariado, ficou a espalmar sua mão zangada no pelo macio da pequena mascote. – Bom, tenho que voltar ao trabalho – ela tornou a colocar a vara nos ombros e saiu rápido, enquanto Caio e Nasser ficaram observando a encantadora garota se afastando. – Vejo vocês depois!

Capítulo 8

O dia quente garantiu mais um trabalho árduo para os homens que como Caio empenhavam-se na demolição. Durante aquela tarefa, retirando os pesados escombros junto com o amigo novo, encontrou alguns fragmentos que chamaram a sua atenção. Com a ponta do seu camisão foi tirando a poeira de um deles e depois de examiná-lo notou que o pedaço de pedra continha uma espécie de escrita.

– Isso aqui é valioso? – perguntou Caio a Nasser.

– Ah, isso aí? – reparou Nasser, pegando o fragmento das mãos de Caio. – Esse lugar está cheio deles. Não valem muito, não. A não ser que você consiga vender pros turistas.

– E pra que servem? – Caio tentava encaixar uma pedra na outra.

– Essas pedras são chamadas de ostraca, ostracon se for apenas uma. Quando os antigos operários do faraó escavavam aqui no Vale, eles retiravam muito desses calcários. O pessoal, então, aproveitava pra escrever nelas suas ideias ou pra passar bilhetinhos.

– Bilhetinhos!

– Pode crer – respondeu Nasser, apontando para o lado esquerdo do Vale. – Ali em Der-el-Medina, a cidade onde os trabalhadores do faraó e suas famílias moravam, está cheia dessas pedras – Caio olhou para trás do morro em forma de pirâmide e acenou admitindo lembrar do lugarejo coberto de casas em ruínas, na qual tinha passado quando foi a cidade com os amigos de Carter.

– Que eu saiba– prosseguiu Nasser. –, esse pessoal gostava de usar essas pedras pra fazer contas... fazer fofocas, como quem namorava quem... uma garota, por exemplo, escrevia pra uma amiga pedindo conselhos de como ela devia contar para o irmão que havia visto a esposa dele saindo com o seu melhor amigo... esse tipo de coisas. Um trabalhador as usava também como um diário e escrevia sobre como estava preocupado com as dívidas ou talvez...

Nasser interrompeu a conversa esboçando um largo sorriso ao ver Samira passando novamente, oferecendo água a outros trabalhadores. Caio, reparando na cara de apaixonado do amigo, pegou um pedaço de calcário liso e o entregou a Nasser.

– Pra que isso? – perguntou Nasser, olhando para a pedra.

– Que tal você enviar um bilhetinho pra Samira e marcar uma saída com ela?

– O quê? – assustou-se Nasser, corando. – Eu não tenho nada com a Samira.

– Ah, é! Acredito.

– Eu e Samira... – gaguejou o envergonhado. – eu só penso nela como uma amiga. Nada mais.

– Sabe o que eu acho? Você precisa é disso aqui – Caio pegou um pequeno pano perto de uma mochila caída no chão. Nasser ficou mais confuso ao ver que o garoto estranho fez questão de lhe amarrar o pano em volta do pescoço e, com as mãos cruzadas, ficou apreciando o novo visual do novo amigo.

– E pra que isso agora? – Nasser segurava o pano.

– Pra quê! – riu Caio. – Ora pra quê. Pra eu, ou melhor, pra ninguém reparar como você fica quando Samira se aproxima, não é senhor Babão?

– Ah, seu filho de uma égua. – Nasser pôs-se a correr atrás do brincalhão.

Caio, depois de sacrificar bastante suas mãos destreinadas demolindo por completo as cabanas da antiga dinastia com os outros trabalhadores, fez um intervalo e se dirigiu a uma barraca onde se encontrava uma mesa cheia de panelas de barro fumegantes.

Os rapazes pegaram seus pratos de madeira e ficaram na fila esperando ansiosos pela comida. Assim que chegou a vez deles, um homem de avental, usando uma roupa e um turbante preto, jogou em cada prato um pão fino branco achatado e esparramou uma massa marrom por cima. A visão daquela coisa, com o molho esquisito flutuando, deixou Caio ali parado na frente do homem com uma cara bem decepcionada.

– Vamos! – falou o cozinheiro, balançando a concha de sopa no ar. – Saia logo da fila!

– O quê! – revoltou-se Caio. – É só isso? Depois de um dia todo de trabalho, a gente só ganha essa pizza marrom?

– Pois essa bela pizza é a comida e se não quer comer, deixe para os outros.

– Isso aqui tá cheirando mal. De que ano é?

– Não enche, menino! Quem você pensa que é?

– Eu não sei, mas rato é que não sou.

O cozinheiro, injuriado e com a ajuda de outros na fila, empurrou o encrenqueiro para fora. Muito chateado, Caio acabou se afastando seguido por Nasser que levava a mascote no seu ombro e mais o seu prato cheio. Após caminharem alguns metros, se sentaram perto de uma rocha. Nasser, sem cerimônia, começou a comer, sem esquecer de oferecer umas uvas guardadas no seu bolso para o pequeno animal. Caio reparava no prato já quase vazio do jovem egípcio que passava os dedos como uma colher, enfiando goela abaixo aquela pasta amarronzada. Não suportando mais o ronco do seu estômago, acabou pegando um pedaço do pão coberto com o molho...

– Ei! – irritou-se Nasser. – Você não devia ter feito isso!

Caio esboçou um olhar de provocação, mesmo com a boca cheia.

– Ah, qual é, Nasser, só foi um pedaço.

Nasser deu um sorriso cheio de malícia e respondeu ao folgado.

– É! Não tem nenhum problema você pegar um pedaço.

Caio foi comendo devagar... O molho foi descendo pela garganta, devagar... Mas havia algo errado. Sua expressão foi mudando... Sua cara foi ficando vermelhíssima, enquanto Nasser, mostrando-se vitorioso, deu o golpe final.

– Sabia que adoro encharcar minha comida com bastante pimenta?

Caio, sem querer, engoliu o último pedaço. Seus olhos estavam desesperados e suas mãos descontroladas tentaram abanar a boca em chamas.

– Água, água, água! – berrava Caio sem mais conseguir respirar.

Ele levantou-se quase escorregando e, feito um louco, ficou dando voltas e mais voltas... Não sabendo mais o que fazer para apagar aquela pimenta queimando a garganta, correu para perto dos camelos e mergulhou a cabeça num imenso bebedouro dos animais. De uma só vez, como que se afogando, foi bebendo aquela água sem parar, soltando bolhas e mais bolhas. Os homens do acampamento, sentados perto da barraca, ao verem aquela cena não aguentaram e caíram na gargalhada pelo pobre coitado.

– É, rapaz, você tinha razão! – urrou o cozinheiro em gargalhadas segurando a barriga. – Você não é um rato. És um ótimo camelo.

– Olha só quanto ele já bebeu! – ria sem parar um outro empregado ao assistir a cena.

Embora estivesse muito envergonhado e com seus cabelos ainda pingando, Caio ficou parado encarando o pessoal com raiva. Temendo uma nova confusão, Nasser pegou no braço do esquentado e o levou para longe dos homens que agora voltavam a saborear o final do hilariante almoço.

Os olhos endiabrados de Caio levaram um bom tempo para voltar ao normal, vagando por aquele sítio arqueológico tão esburacado. Nasser, tentando distrair o endiabrado, ficou a exibir os truques da sua mascote, fazendo o hábil bichinho abrir e fechar um pequeno cadeado. Caio já estava até mais animado, quando os dois rapazes viram que o furão se pôs a disparar do ombro do dono e começou a cavar por debaixo dos entulhos perto das cabanas milenares já demolidas. Os dois curiosos se aproximaram e viram que uma cobra preparava seu bote contra seu predador natural.

– Uma Naja de óculos! Mas como é que ela veio parar aqui! – vibrou Nasser ao reparar no desenho nas costas do réptil branco-amarelado que lembrava um par de óculos. – Essa é rara! Que maravilha! Pegue ela, Sami, pegue!

O furão obediente ergueu suas patas dianteiras como um verdadeiro lutador. Sentindo-se acuada, a cobra rapidamente se escondeu numa toca perto dos escombros.

– Ah, não! – Nasser ficou aflito. – Não vai fugir de mim não, dona – no mesmo instante, o moreno vasculhou pelos entulhos à procura de algo para pegar sua próxima atração, até que encontrou uma vareta e a enfiou no esconderijo. Mas ao ouvir o corpo fino serpenteando para longe, com medo de perder a valiosa presa, soltou a vareta e se lançou a cavar com as mãos de qualquer jeito.

– Depressa, Haj! – gritou Nasser. – Cerque a espertinha do outro lado antes que ela fuja.

Os homens, que estavam tirando uma soneca, estranharam aquele alvoroço e, aos poucos, foram se aproximando dos garotos que pareciam uns patos nadando na areia.

Carter, atraído pelo movimento, abordou com cautela os enlouquecidos. Depois de cuspir tanta terra, Caio já estava desistindo de pegar a cobra, quando suas mãos, ao encostarem em algo, decidiu então varrer todo local. As feições de Carter foram se tornando brilhantes conforme ia sendo revelado algo por debaixo de toda aquela terra. O cientista, guiado por sua intuição, foi se aproximando e visualizando...

– Um degrau! – arrepiou-se Carter.

– Um o quê? – perguntou Caio ao mesmo tempo em que era empurrado para o lado pelo afoito arqueólogo.

– Minha nossa! – os dedos de Carter tremiam de emoção. – Você achou... você achou um degrau. Eu não acredito. Finalmente, achei!

– Mas eu só queria pegar... – tentou Caio dizer sem entender o que ocorria.

– Que fantástico! – emocionou-se Carter. – Eu mal posso esperar pra ver o que tem aí em baixo.

Imediatamente, Carter ordenou aos outros que desobstruíssem o degrau talhado na pedra.

– Achei outro degrau! – alertou um velho trabalhador.

– Vamos lá, homens! Vamos logo! – incentivou o inglês que mordia os lábios.

Com o passar das horas, o trabalho prosseguia e a dúvida se tinha ou não descoberto um túmulo aumentava a cada instante. Nas crivadas frenéticas das picaretas foram sendo expostos à luz mais quinze degraus. A profundidade daquela descoberta já havia atingindo mais de seis metros e despertava mais ainda sua aflição. Mais horas se passaram, até que finalmente os homens, inclusive Caio e Nasser, desobstruíram por completo a escada que, agora, atingia uma profundidade de quase dez metros. Nesse ponto, os escavadores já estavam contaminados pelo nervosismo do inglês e ao darem de frente com uma parede rebocada com argamassa na qual viram alguns cartuchos com hieróglifos ficaram entusiasmados. O arqueólogo, quase sem fôlego, deslizou sua mão trêmula pela parede. Seus olhos esperançosos decifravam os cartuchos que revelavam o desenho de um chacal deitado sobre nove prisioneiros.

– Uma porta selada! – assombrou-se Carter, que se abaixou e diante do selo intacto foi traduzindo a grande revelação. – É um selo real! – febrilmente, o arqueólogo abriu na porta uma brecha suficientemente grande para enfiar uma lâmpada e notou uma passagem atrás de uma abertura bastante entulhada. – Então eu estava certo! O túmulo estava, todos esses anos aqui e essa passagem obstruída é uma prova de que o local não foi saquea... o local... está intacto! – gritou e riu como que enlouquecido.

Carter ficou deslumbrado com as chances de estar diante do seu grande sonho e comandou os operários para que trabalhassem sem cessar. Mas sem mais nem menos, o cientista olhou para o chão e subitamente sua alegria deu lugar a uma feição entristecida.

– Podem parar! – mandou o inglês aos homens surpresos com sua voz sóbria. – Vamos aproveitar o resto da luz do dia e recolocar o entulho na escadaria.

– Mas o que houve? – desesperou-se Caio. – Enlouqueceu? Vai fechar por quê?

– Você não entende, Haj! – disse Carter, balançando, desamparado, a cabeça. – Eu vou ter que fazer isso. Não tem jeito.

Davis apareceu e, seguindo um dos trabalhadores, foi até Carter que estava a olhar os escombros.

– Mas que diabo está havendo aqui? – esbravejou o amigo de Carter, mas ao perceber a escadaria ficou pasmo. – Minha nossa! Não pode ser! Você achou uma tumba real, Carter! Você achou!

– Eu não sei.

– Como não sabe?

– Eu não sei a quem ela pertence. – Carter estava visivelmente nervoso e começou a balbuciar. – Eu não tenho ideia... a tumba pode ter sido vítima de ladrões da época... pode ser apenas um esconderijo de múmias. Uma tumba inacabada. Pode ser qualquer coisa... só sei que tenho que fechá-la novamente.

– Por que, homem de Deus? – repreendeu Davis com as mãos na cabeça. – Que é isso! Você está tão perto.

– Preciso avisar ao lorde. Eu não posso abrir sem a presença dele. Enquanto ele não vier, a única forma de proteger esse local dos ladrões é entulhando de novo.

– Quer que eu traga mais homens pra ajudar? – Davis já se preparava para chamar seus homens, quando Carter segurou o braço do amigo afoito.

– Não, Davis, essa notícia vai correr e os ladrões daqui são umas raposas. É mais sensato fechar. A tumba só ficará segura quando eu trouxer os outros pesquisadores, o pessoal do museu e por fim, Carnarvon... tenho que trazer também um excelente fotógrafo... quero que tudo seja documentado e catalogado.

– Mas, Carter, você não está desesperado pra descobrir?

– Que maldição, Davis! É claro que estou doido pra ver o que há lá dentro, mas não tem jeito, vou ter que aguentar. – Carter respirou fundo e acalmou-se. – Eu tenho que agir com cautela. Se for realmente a tumba de Tutancâmon, quero fazer um trabalho minucioso, bem feito. Quero que tudo seja registrado mesmo que levem anos.

– Mas, senhor – intrometeu-se Nasser –, não vai ver antes do que se trata essa porta? O lorde não vai gostar nem um pouquinho de enfrentar uma viagem pro Vale e dar com uma tumba vazia. Não quer ver o que é? Pode ser um rebate falso e daí...

– Rebate falso? – repetiu o inglês, visivelmente atordoado. – Isso, não! Chega! Eu não tenho escolha. Essa é minha última chance. – Carter esfregou a mão na testa e depois deu um chute numa pedra. – Por tudo que for sagrado, eu tenho que conseguir dessa vez!

– Está bem, Carter – suspirou Davis. – Como sempre você venceu. Não vamos mais discutir.

– Vou para cidade – correu Carter eufórico em direção ao acampamento. – Tenho que passar um telegrama para lorde Carnarvon o quanto antes. Ele tem que estar presente quando abrirmos.

– Vamos falar com o pessoal, pelo menos com Callender – gritou Davis para Carter, preparando uma mula. – Vamos levar as cópias das traduções desses hieróglifos para aquele grupo de matemáticos e astrônomos lá da cidade. Com esses dados, eles poderão calcular o ano dessa tumba e... Carter, me escuta! – continuava Davis a gritar, enquanto o inglês já estava na garupa, fazendo o animal andar. – Você está sendo precipitado.

– Mas é claro que não – descontrolou-se Carter, batendo as pernas na mula. – Eu quero fazer tudo que puder pra não cometer nenhum erro. George não vai me perdoar e com toda razão. Vou aproveitar minha ida e comprar uma grade de ferro e encomendar mais um gerador... esse achado merece toda a proteção e toda a luz que eu puder conseguir. Essa tumba já ficou tempo demais na obscuridade.

Capítulo 9

O inglês descia o vale para o Nilo. Olhava ao seu redor para as rochas vermelhas que o cercavam e lembrava da emoção quando tinha visto aquele deserto pela primeira vez. Era apenas um jovem desenhista, participando de uma expedição do amigo e famoso Petrie. Durante suas pesquisas, teve acesso a muitas peças arqueológicas no Vale dos Reis e em outras regiões. Catalogando e desenhando os achados, notou que algumas peças se referiam a um rei chamado Tut-Ankh-Âmon (Imagem viva de Amon).

Como tinha ficado empolgado com a possibilidade de que a tumba do faraó estivesse ali perto escondida, daquele dia em diante decidiu se empenhar em descobri-la.

"Uma porta selada!" pensava Carter, vagando entre suas lembranças e seus delírios. *"Então era realmente verdade! A tumba está lá. Esses, provavelmente, são os últimos tempos em que este vale ficará abandonado. Sua história cercada pelos fantasmas dos antigos ressuscitará e suas memórias não mais ficarão soterradas."*

A mula trotava sumindo no horizonte, carregando o arqueólogo acompanhado apenas por sua fiel intuição. Gritos de felicidade que agitavam seu coração garantiam que estava prestes a concretizar o sonho que o seguia desde jovem. Enquanto se afastava do acampamento, o vale era tomado por uma noite de lua cheia. As últimas sombras daquela região, antes silenciosa e misteriosa, iam se extinguindo e agora se alastrava, rapidamente e sem controle, a grande notícia do século.

Passou o tempo e os trabalhos foram diminuindo com a exceção de poucos trabalhadores que foram escolhidos para colocar a grade diante do grande achado.

Aquele dia mal tinha aberto seu leque de raios avermelhados sobre o vale dos mortos e Caio já se encontrava dormindo no chão na casa do amigo Nasser que o havia convidado a residir ali. Na realidade, pensava que aquela era uma ótima chance de escapar dos roncos de Hanset e que finalmente obteria uma boa noite de sono. Que decepção. Cada noite era um sofrimento. Ainda com as mãos segurando um travesseiro em cima da cabeça, tentava mais uma vez abafar o som orquestrado pelo uivo de um vento sóbrio insistente. Para piorar ainda mais, tinha que suportar o chiado fora do comum de um corvo, cantor de uma nota só, empoleirado no telhado da casa, que só não era pior do que a melodia desafinada de roncos da família simpática e numerosa de Nasser. Tentava e tentava dormir nem que fosse mais um pouquinho, mas sua derrota foi completa com a chegada de um barulho forte que provocou um tremor nas frágeis paredes da casa, além de fazer os objetos da mesa caírem sobre sua cabeça.

– Ei! – desesperou-se Caio. – Que é isso?

Aquele ruído ameaçador fora o suficiente para fazer não só o desmemoriado abandonar a casa como também todos os moradores. Uma imensa algazarra tomou conta da vizinhança. Todos miravam com ares interrogativos para algo vindo do céu. Caio ficou maravilhado ao constatar que o som familiar que sobrevoava o povo assustado vinha de um pequeno avião amarelo de asas duplas com uma hélice na ponta. A máquina voadora se aproximava da aldeia. As pessoas, antes paralisadas com a surpresa matutina, puseram-se logo a correr quando repararam que o avião vinha sobre elas num voo rasante. A correria e os gritos se alastraram diante da manobra arriscada. Somente no último segundo a máquina mortífera se desviou dos inocentes alvos que, para se protegerem, eram forçados a se jogar no chão, e subia novamente rasgando o céu ainda despertando. O temível show acrobático prosseguiu com círculos e mais círculos no ar, um mergulho mortal e mais uma subida triunfante.

Durante a desordem reinante no Vale dos Reis, Caio ficou todo esse tempo admirando as manobras radicais do piloto que por fim aterrissou num terreno plano próximo a um grupo de casas amarelas. Apesar da maioria se encontrar aterrorizada, alguns tiveram a coragem de correr para perto do aparelho.

O silêncio plainava no ar sobre os presentes. O inesperado visitante saiu do avião de dois assentos, desceu pela asa direita e pôs-se a ajeitar a calça larga e a surrada jaqueta de couro. Seus olhos estavam ocultos por uns óculos empoeirados presos por um elástico na cabeça revestida por um capacete de couro. O piloto fez uma rápida averiguação da situação e sorriu ao avistar Hanset e Jamal abrindo passagem através daquela gente.

– O que pensa que está fazendo? – Hanset, ao desvendar quem era o piloto, ficou muito agitado. – Que negócio é esse de chegar aqui desse jeito?

– Olá, querido – cumprimentou o piloto, retirando os óculos e o capacete. Caio, como os outros moradores, ficou surpreso ao constatar que se tratava de uma mulher de cabelos castanhos com mechas douradas e que possuía grandes olhos verdes. Com um belo sorriso, a misteriosa jovem ficou a acariciar o rosto de barba feita do irritado com sua mão protegida por uma luva preta de couro. – Não foi assim que imaginei o nosso reencontro.

– Mila, você pensa que me engana? – disse Hanset, tirando a mão da mulher, bruscamente. – O que você veio fazer aqui?

– Ora, se prefere agir dessa maneira, então só me resta ser direta. Vim aqui porque as notícias voam.

– Como assim?

– E de que mais poderia ser? – retrucou Mila, rindo. – Mas é claro que estou falando sobre a grande descoberta de Carter. – a jovem mulher deu uma olhada ao seu redor e com um jeito sensual voltou-se para o enfurecido. – E por falar nisso, onde está o persistente. Quero dar meus parabéns.

– Isso, não! Você vai pegar sua geringonça e cair fora daqui.

– Geringonça! – Mila, revoltada, ficou na frente do avião como que o protegendo. – Pois fique sabendo que esse é um bombardeiro Breguet 14B2 com envergadura de asas de 14, 36 metros, motor de 300 HP, que atinge uma velocidade de 177 Km/h e 5800 metros de altitude. Um biplano...

– O que você roubou?

– Roubei? Ele foi do meu pai, morto na guerra – enraiveceu-se a piloto. – Um grande homem por sinal.

– Ah, é! E como você conseguiu reaver esse biplano de Kingston?

– Conseguindo. Após a guerra, o exército desfez-se da maioria desses aviões. Um amigo do meu pai, o meu querido Antoine, tinha acabado de obter seu brevê, teve a ideia de comprá-lo para poder fazer seu primeiro voo solo. O aparelho estava muito avariado, mas, no fim, ele conseguiu consertar. Na semana passada estive em Casablanca e acabei encontrando com ele que fez questão de me dar essa recordação do meu pai.

– Ah! – desconfiou o inspetor. Você esteve em Marrocos, não é? Por acaso, esse Antoine é um dos seus receptadores. Foi ele que vendeu as relíquias que você roubou?

– Antoine de Saint-Exupéry, um receptador? – Mila começou a rir alto. – Essa é ótima! Ele é o homem mais inocente que conheço, um receptador. Logo ele que gosta tanto de voar, de sonhar... que chega a ponto de imaginar historinhas como a de um pequeno príncipe vindo de outro planeta.

– Pare de embromar, sua mentirosa! – enfrentou o inspetor. – Sua ladra!

– Não se meta comigo, meu bem. Ou será que quer que eu lhe mostre o que a metralhadora desse Breguet é capaz de fazer?

– Como se não bastasse, ainda vai virar assassina? – Hanset empurrou a mulher, fazendo-a bater de costas na asa do avião. – Saia daqui antes que eu mande prendê-la.

– Prender-me! – protestou Mila. – Sob que acusação?

– Pra começar, pelo roubo dos artefatos da expedição francesa em Karnac.

– Meu querido – rebateu Mila com uma voz melosa. –, será que ainda não aprendeu? Eu não roubo artefatos. Eu simplesmente sou encarregada de fazer as entregas das encomendas para os meus amigos colecionadores.

– Sua ladra! – insistiu Hanset com a mão erguida para bater na mulher que ria em tom de provocação. No último segundo, Jamal impediu, segurando a mão cheia de ódio do colega.

– Controle-se, Hans! Não vê que daqui a pouco será você que vai ser preso por agressão?

– Eu não vou deixar você roubar Carter, Mila – garantiu Hanset, abaixando o braço. – Você vai ver só. Vou ficar de olho em você, sua bandida. Ouviu bem?

– Se me lembro direitinho, no nosso último encontro, você ficou com os olhos bem fechados, enquanto me beijava. – a mulher ficou passando a mão nos lábios do caubói enfurecido. A multidão empolgada assistia a todos os detalhes da cena. – Foi uma pena que você desmaiou. – a multidão se pôs a rir. Mila aproveitou e deu sua última facada com sua língua afiada. – Ou será que foi por causa do drink que te dei e você não aguentou?

– Idiota que fui. Como pude cair naquela baboseira de que estava arrependida e que iria devolver tudo – assumiu Hanset diante de toda aquela gente. – Você me enganou, sua víbora. Mas dessa vez você não vai escapar.

– Cuidado, meu bem – sussurrou Mila, aproximando os lábios no ouvido do raivoso. – Dessa vez meu veneno pode ser fatal. – com um sorriso de triunfo ela se afastou, cercada por um grupo de trabalhadores. O inspetor, ainda revoltado, ficou ali parado.

– O que estão olhando? – dirigiu-se Jamal ao resto do pessoal que permanecia ali, cochichando uns com os outros. Vão se meter com suas vidas.

Capítulo 10

Sem nada para fazer, com a escavação interrompida, os trabalhadores de Carter arranjaram outros serviços.

Nasser se empenhava em mostrar as tumbas mais famosas aos turistas que chegavam numa caravana.

Caio, curioso como sempre, seguiu-o em direção a tumba de Seti I. Ao entrar por uma passagem no solo foi descendo por uma escada de degraus de pedra escavados no solo. Os corredores extensos aclarados por uma fileira de lâmpadas penetravam rocha adentro.

As paredes douradas ornadas com figuras tão detalhadas num colorido vivo deixavam a impressão de que Caio estava dentro de páginas de uma verdadeira história em quadrinhos cercadas de seres sobrenaturais e de mistérios. A cada passo podia-se ler um pedaço de como o faraó, usando aquele gigantesco guia astral, faria a sua viagem para um outro mundo buscando a vida eterna. O teto azulado pontilhado por figuras humanas douradas e estrelas vermelhas delimitava as posições das constelações tal como eram contempladas na época do pai de Ramsés. A Ursa Maior, como um touro, a constelação de cisne, representada por um homem içando os braços, Órion, como um homem correndo. Tudo aquilo era descrito com detalhes e mais detalhes por Nasser que orientava o seu grupo de turistas sem esquecer de contar as lendas, frases decoradas bem na ponta da língua. Podia-se também apreciar durante a excursão várias imagens que relatavam o julgamento, no qual os deuses, liderados por Osíris, acompanhado por sua esposa Ísis, trajando uma capa que aberta imitava longas asas. No julgamento decidia-se se o faraó deveria ter o privilégio da vida eterna ou ser engolido por um deus monstruoso, caso tivesse o faraó um coração impuro. Numa das cenas, o deus mascarado como um cão negro, acompanhado pelos deuses Hórus, o filho de Osíris que era representado com a cabeça em forma de falcão, e Thoth, o deus da escrita com a cabeça da ave íbis, colocava o coração do faraó sobre um dos pratos de uma balança. No outro prato, uma jovem de aspecto frágil, a deusa Maât, a deusa da verdade, depositava uma pluma parecida com a que adornava sua cabeça. Se houvesse qualquer desequilíbrio entre os dois pratos da balança, por menor que fosse, teria o faraó um fim terrível.

Caio vagava por aquele livro vivo, mas reparou que boa parte dos muros coloridos já se encontravam pichados há séculos. Muitos desenhos tinham sido rabiscados com letras gregas, latim e outras escritas mais antigas ainda. Simplesmente, as paredes tinham sido vítimas da passagem não só dos turistas ricos que Carter repreendia, mas também dos visitantes do mundo antigo, como os gregos e romanos, que sem dó infestaram o local com as desprezíveis marcas de suas presenças.

– Que horror! – resmungou uma turista com sotaque alemão apoiada numa parede descascada. – Isto aqui foi o que restou do tempo de ouro dos faraós? Pensei que fosse encontrar um lugar mais encantador, mais bem conservado. Esse lugar me dá arrepios.

– É, realmente, Hanna! – concordou uma mulher aloirada, abanando com uma ventarola. – Olhe esses andaimes. Olhe essas tábuas soltas. Isso aqui parece mais um porão em reforma do que um túmulo digno de um faraó. Olhe só essas escritas aqui. – a mulher apontava para uma parede com um conjunto de hieróglifos e figuras feitas em vermelho quase apagadas, mas por cima dos traços vermelhos haviam sido acrescentadas linhas e letras em preto. – Isso aqui parece até meu caderno das aulas de piano corrigidas pelo meu professor.

– É isso mesmo, madame – confirmou Nasser, guiando o grupo para próximo da parede. – São escritas mágicas para orientar o caminho do faraó e protegê-lo durante sua jornada à eternidade. O artesão fazia os rascunhos em vermelho e depois o escriba as corrigia em preto.

– Nossa, quanto trabalho – impressionou-se um homem alto, segurando o paletó branco.

– É o que arcava com mais responsabilidade, senhor! Imagine, bastava que o artesão cometesse um erro de grafia e sabe-se lá onde, pra que mundo, o faraó iria acabar, não é?

– Ai! – gritou Hanna, passando a mão no pescoço.

– O que houve, madame? – preocupou-se o jovem guia.

– Alguma coisa estava andando nas minhas costas. – a alemã alvoroçada tateava o corpo. – Essa não! O meu broche! Cadê o meu broche?

– Olha ali! – disse a aloirada. – É um bicho?

– Onde? – indagou um turista italiano.

– Ali! – apontou a mulher. – Está fugindo por aquele buraco e tem algo brilhante com ele.

– É meu broche? – disse Hanna.

O italiano se pôs na perseguição do bicho grande e cinzento. Após tirar o paletó e arregaçar as mangas meteu o braço na toca.

– Achei! – disse o homem, tirando o enfeite da toca e em seguida, devolvendo-o a dona.

– Ah, muito obrigada, Vitório – agradeceu a alemã. Quando ela estava para retornar a excursão, algo lhe atiçou sua curiosidade. – Mas o que é isso que está aí no buraco?

Hanna, a alemã, se aproximou e, tirando as luvas brancas de couro, pegou o estranho objeto em forma de um pequeno sarcófago.

– Que estatueta é essa? – interessou-se a aloirada.

– Madame! –Nasser parecia mais surpreso do que a mulher. – A senhora está segurando um Shabit!

– O quê! – comentou outra senhora de cabelos castanhos, tropeçando num degrau. – Isso me parece um pequeno sarcófago.

– Ah, essa estatueta é muito especial. – Nasser pegou a estatueta com cuidado das mãos de Hanna. – As senhoras e os senhores estão diante de uma preciosidade. Uma verdadeira raridade. Ainda por cima, essa peça é mágica.

– Mágica? – soou uma voz masculina de um senhor inglês de barba grisalha vinda detrás do jovem guia. – Como mágica, rapaz? Que bobagem é essa?

– Não é bobagem não, senhor – insistiu o rapaz. – Essa estátua tem incrustado no seu corpo de pedra o encantamento. Quando o grande faraó o recitava, em sua outra vida, na verdade estava evocando o espírito aprisionado na estatueta para tê-lo como seu criado.

– Até que faz sentido – disse outra senhora ruiva, muito suada, tentando afrouxar a gola do vestido. Ela caminhou para perto da alemã e pegou a estatueta. – Afinal, só porque o faraó estava morto, ele não precisava ficar sem suas mordomias, não? – todos riram.

– Deixe-me dar uma olhada – pediu a aloirada já se apossando da preciosidade. – Ela é muito bonita.

Hanna se aproximou da amiga e reconquistou a imagem disputada.

– Por favor, madame – pediu Nasser com as mãos aflitas. – Tome cuidado. Isso é um verdadeiro achado. Tenho que entregá-la para o museu.

– Mas eu gostei tanto dela – a alemã acariciava a mão pela face de pedra. Ela se virou para um homem alto, calvo, de terno cinza, abanando-se com um chapéu preto. – Otto querido, eu a quero. Ela é exatamente o que eu procurava. Ela vai ficar linda em cima da lareira da nossa sala, não acha? Podemos usá-la em uma das nossas festas e fazer algo diferente. Ao invés de ficarmos apenas desenrolando aquela múmia que você comprou, podemos nos divertir evocando espíritos. Que acha?

– Se essa coisa puder fazer a mágica de pagar o que gasto nessas excursões que a senhora cisma de me trazer – brincou o marido que logo se arrependeu de sua fala ao reparar que a esposa lançava um ar de total repreensão. No mesmo instante, parou de se abanar e se colocou ereto. – Tudo bem, minha querida, já entendi – o homem sem graça, enfiando o chapéu na cabeça e ajeitando o terno, fez sinal para o guia. – Rapazinho, venha aqui! – Nasser, com aspecto humilde, aproximou-se do casal. O turista colocou a mão no bolso do paletó, tirou uma grossa carteira de couro de onde pegou uma nota de uma libra. – Isso aqui deve bastar pra pagar a estátua.

– Mas, senhor – resistiu o jovem guia, preocupado. – Eu não posso aceitar. O museu...

– Chega, rapaz, o que minha esposa deseja, ela o terá – exigiu o marido, colocando uma nota de cinco libras nas mãos de Nasser, enquanto a mulher dava um sorriso da satisfação. – Estamos de acordo?

– Bem, senhor – curvou-se Nasser. – Acho que o senhor tem razão, a sua esposa merece. Afinal, foi ela que o achou, né? – o garoto pegou o dinheiro e sorriu para a esposa que continuava a contemplar o achado.

O casal, muito satisfeito, prosseguiu com o resto do grupo na excursão. Caio, que estava todo esse tempo perto de uma coluna, observava os movimentos de Nasser. Não ficou nem um pouco surpreso ao ver o amigo guia, agora um pouco mais recuado do pessoal, guardar o dinheiro que ganhara na túnica e depois fazer um gesto discreto com a mão, atraindo a sua mascote para perto. Abriu a palma da mão cheia de uvas e o alegre animal, que tanto assustara os turistas, as pegou. Por fim, discretamente, Nasser foi para perto de um pequeno caixote de madeira, cobriu-o com um pano preto que estava caído no chão e depois voltou para o grupo. Caio esperou o grupo tomar distância e foi investigar os segredos da caixa. Como já imaginara, verificou que lá dentro havia uma dezena de estatuetas iguais a que a esposa radiante se agarrava como a um troféu.

Capítulo 11

O crepúsculo chegou a cores, com um dourado a arder sobre a terra, e com ele vieram as raposas que estavam escondidas durante o dia nos túneis abandonados do vale. Ao mesmo tempo, surgiram morcegos formando uma vasta nuvem negra se aventurando pelo manto daquele céu convidativo. O som de uma coruja solitária alertava para os mistérios que estavam por vir.

Das cabanas agrupadas num canto do Vale piscavam, como vagalumes, centenas de fagulhas dos lampiões que clareavam fracamente a mesa de jantar com famílias reunidas. Ao final da refeição, a maioria das pessoas ficou perto das janelas ouvindo uma música típica tocada por um grupo de anciões. A diversão aquecia os jovens enamorados que se encontravam acomodados perto das fogueiras convidativas. O canto entoado por um dos homens do grupo parecia um lamento, mas ao mesmo tempo dava a forte sensação de que, por breves instantes, as almas dos ouvintes se libertavam dos corpos acorrentados a mais um dia de trabalho penoso naquela terra estéril. Uma a uma foram se apagando as luzes das casas. Por fim, ficaram apenas umas poucas fogueiras mescladas com a luz elétrica de algumas barracas dos arqueólogos. Certamente os estudiosos sonhavam acordados com as descobertas que estavam escondidas sob seus pés, mas longe dos cálculos precisos feitos por suas mãos ansiosas.

Caio reparava nas suas mãos ásperas cheias de calos. A tia de Nasser dera-lhe um óleo para melhorar seu aspecto, mas o cheiro, que se assemelhava a estrume de vaca, era forte demais. Ele se olhava no espelho do quartinho. Sua face mais bronzeada, certamente dificultava mais ainda o regresso de sua memória. Sentia que em alguns curtos períodos alguns fragmentos de seu passado o atingiam feito um raio, mas logo se dissipavam como fumaça. Pessoas, máquinas e objetos de um tempo à frente ou anterior teimavam em deixá-lo mais confuso. Todos diziam que tudo não passava de sua imaginação, mas tudo aquilo lhe parecia tão real... já estava apagando o lampião a pedido da tia, quando sentiu uma mão de toque frio na nuca. Caio se virou e se deparou com Nasser fazendo um sinal com o dedo nos lábios para se manter calado.

– Venha comigo – murmurou o amigo com Sami no ombro, fazendo agora um gesto para que o seguisse para uma casa afastada.

Intrigado, Caio o seguiu. O jovem egípcio o conduziu para dentro de uma saleta onde estavam três homens mal encarados. Um deles tinha cabelos grisalhos e usava óculos e outro era um rapaz um pouco mais velho que Caio, e todos estavam sentados no chão formando um círculo. Entre eles, havia uma mulher de costas, de cabelos castanhos soltos, usando uma camisa com as mangas arregaçadas, umas botas e uma bermuda. Quando ela se virou, Caio já sabia que se tratava da piloto do avião, Mila Kingston.

– O que está esperando? – Nasser empurrou Caio para dentro da saleta e fechou com cuidado a porta que rangia alto.

– Então esse é o garoto que você me falou. – Mila inspecionava Caio de cima a baixo. – Ele parece ser forte.

– É como disse à senhora, ele vai ser útil no serviço. – Nasser chegou perto da mulher e se agachou. – Tinha que ter visto ele fugindo dos guardas na cidade. Pulava os telhados como um gato.

– Foi espantoso! – apoiou o homem de óculos, coçando sua barba preta e sacudindo o pó da sua túnica branca e em seguida ajeitando seu turbante preto. – O rapaz é bem ágil. E ainda deixou o guarda Tomas pendurado no telhado com as calças rasgadas. – todos na sala se puseram a rir ao se lembrarem da confusão. O homem de túnica preta prosseguiu. – Por causa do vexame, os guardas juraram pegar esse garoto. Ele é perfeito para passar pelas passagens estreitas. Pode saltar sem problemas pelas valas fundas e nos fazer passar usando uma corda...– o sujeito de óculos parou por uns instantes ao perceber o ar confuso de Caio. – Nasser, você ainda não disse a ele do que se trata?

– Bem, tio Hassan, eu ainda ia falar– desculpou-se Nasser.

– O que tá acontecendo? – exaltou-se Caio.

Fique quieto, rapaz! – exigiu Mila, levantando-se. – Ouça, porque só vou explicar uma vez. – Caio ficou apreensivo com aquela voz autoritária e se calou. – Estamos aqui, juntando um grupo, para fazermos uma pequena exploração e você está aqui para nos ajudar.

– E por que a essa hora da noite? – desconfiou Caio.

– Ora, por quê? – cortou um homem baixo, encurvado, com os braços apoiados nas coxas. O sujeito deu uma breve pausa, ficando a mastigar no canto da boca um toco de um charuto. – Porque não queremos ser incomodados. – Caio sentiu-se irritado ao reparar os risos daquele pessoal.

– É mesmo? – retrucou Caio. – Que "pequena exploração" é essa?

– Vamos atrás da tumba de Tutancâmon – confessou Nasser, bem empolgado. – Meu primo Habbit aqui tem um mapa antigo – apontou Nasser para o jovem com as duas mãos apoiadas nas bochechas cheias de espinhas que, ao sorrir, Caio não pôde deixar de notar os dois dentes quebrados no canto da boca. – E através de um poço abandonado podemos entrar nas tumbas sem sermos vistos.

– Vocês vão roubar a tumba de Carter? – alarmou-se Caio. – Mas isso não!

– Roubar, não! – irritou-se Mila. – Quem disse que a tumba é de Carter? É de quem chegar primeiro.

– Isso não está certo. – Caio fechou os punhos e encarou Mila.

– Haj – Nasser aproximou-se e colocou a mão do amigo. –, pensa bem. Carter é um estrangeiro em nossas terras. Por que você acha que ele tem mais direitos do que a gente?

– Mas ele vai deixar para o museu do Egito.

– Vai? E quanto a nós. Minha família precisa sobreviver.

– Por que você me trouxe aqui? Por que não me disse antes o que estavam planejando?

– Não podia. Você não entende? Precisamos de você e você precisa de nós.

– Como assim?

– Você é um ninguém, não tem nenhuma ideia de quem é. Você quer parecer melhor do que eu, mas você não é. Não tem família e pode até ser um criminoso e não saber.

– Não, eu não sei. – Caio esfregava as mãos na cabeça com raiva. – Mesmo assim não quero trair Carter. Ele foi bom e mesmo sem me conhecer me deu um emprego e tudo mais.

– Basta com esta asneira! – interrompeu Mila, afastando Nasser. Com um sorriso no canto da boca, ela encarou Caio. – Pelo que soube, você perdeu a memória e não tem ninguém que o conheça. E quanto a Carter, o que aquele canalha fez por você, hein? Para ele, você não passa de mais um garoto que ele está explorando. Quer trabalhar por um prato de comida pro resto da vida? Comigo você tem a chance de ganhar uma parte do que a gente achar. – Mila apoiou a mão em cima do seu cinto de balas com um pesado revólver. – Pense bem, rapaz, a única coisa que quero saber agora é se vai nos ajudar por bem ou por mal.

– Quer saber, eu vou... – Caio não mediu o tom e encarava a líder do bando de forma enérgica.

Todos se levantaram e cercaram o novato. Nasser, mordendo os lábios e com os olhos espremidos, fazia repetidas vezes sinal com a cabeça para que o amigo não os afrontasse. Caio olhou para cada um daqueles homens, seu olhar de raiva foi sendo contido. Por fim, fixou-se novamente para a líder, respirou fundo e falou num tom vencido.

– Eu vou com vocês.

Capítulo 12

Já com todos reunidos, o grupo pôs-se a rumar para perto de uma cabana abandonada numa área mais isolada. Ao entrarem na casa coberta por teias, Hassan orientava o grupo para próximo de uma parede suja rachada. Caio esbarrou na parede e com o olhar mais aguçado reparou que havia algo por debaixo de toda aquela fuligem amarronzada. Seus dedos foram limpando o local e aos poucos foi se revelando uma pintura colorida com desenhos egípcios.

– É aqui! – assegurou Hassan, tirando os óculos e apontando para um ponto no chão de terra. – O velho poço está bem aqui. Podem cavar.

Os três homens pegaram as ferramentas das mochilas e seguiram com o plano.

Milla vigiava a porta, enquanto Caio e Nasser ficaram num canto a espera do fim do trabalho dos homens. Nasser aproveitou para cortar uma maçã. Ofereceu um pedaço a Caio que, ainda chateado com tudo aquilo, recusou. Nasser não se importou e continuou a comer. O restante do bagaço, uma patinha, saindo da mochila de Nasser, fez questão de pegar.

Não levou muito tempo para que o antigo poço fosse brotando do solo.

– Será que é fundo? – temeu um dos três homens apoiado na pá, coçando seu bigode preto e grosso.

– Não consigo ver o fundo – notou o companheiro de roupa escura com uma fisionomia desconfiada, mantendo o lampião bem perto do rosto. Foi só nesse momento que Caio viu que aquele sujeito de olhar frio ostentava uma cicatriz profunda que rasgava a bochecha da orelha ao queixo, deixando-o com um aspecto mais perverso.

– E agora? – disse o terceiro homem, mordendo o charuto. – O que a gente vai fazer?

Caio, sem pensar, pegou uma pedra no chão, jogou-a no poço em queda livre e foi contando em voz alta até ouvir o barulho do choque da pedra no fundo.

– Marquei 3 segundos – calculou Caio que parecia hipnotizado, encarnando outra pessoa a recitar algo bem decorado. Desprezando a resistência do ar... adotando aceleração da gravidade igual a dez metros por segundo quadrados... temos, então, que a profundidade do poço é de quarenta e cinco metros.

– Ué! Como é que você sabe? – Nasser falou num tom carregado de desconfiança.

– Ora! – respondeu Caio. – Usando a lei da queda livre.

– Tá brincando? E lá existe lei pra isso?

– Que interessante – interferiu Mila. – Quem diria. Temos conosco um conhecedor das leis da física!

– Leis da Fisíca? – perguntou Hassan.

Milla, impaciente, resumiu a questão:

A lei consiste em que todos os corpos abandonados em queda livre, independente de seu peso ou massa, caem com igual aceleração. Próximo da superfície da terra a aceleração de uma queda livre é chamada de aceleração da gravidade.

– Corpos abandonados! – assustou-se Nasser. – Você está querendo dizer que se alguém matar eu e o tio Hassan e nos jogar dentro desse buraco, ao mesmo tempo, vamos chegar no fundo juntos?

– Se desprezarmos a resistência do ar, sim – admitiu Mila, rindo ao reparar que Nasser ainda parecia incrédulo.

– Só a resistência do ar? – Nasser dava uma olhada no tio irritado que encolhia a barriga o máximo possível. – Essa tá difícil de engolir. Como pode ser? E então me diz, como é que se calcula a altura dessa queda?

– Como? Ora, para se saber a altura, basta multiplicar o valor do tempo por ele mesmo, depois multiplicar pela aceleração da gravidade e dividir por dois. – Mila encarou Nasser.– E quando falo em corpos, quero dizer que pode ser qualquer elemento na natureza, como uma pedra, por exemplo...

"A aceleração da gravidade é de 9,8 metros por segundo ao quadrado, mas pra os nossos cálculos, podemos arredondar para 10 m/s ^{2}. Então..."

Milla rabiscava o chão de terra com uma vareta.

– Assim – disse ela. – ,para se calcular o espaço percorrido, ou melhor, a profundidade do poço, temos que usar:

$$\text{Espaço} = \frac{\text{Aceleração X (Tempo)}^2}{2}$$

Como aceleração é igual a 10 m/s^2 e tempo foi de três segundos, temos o resultado de 45 metros.

– Que maluquice! – disse Nasser, olhando desconfiado para Caio. – E como é que Haj sabia isso?

– Sei lá o que foi que eu fiz! – resmungou Caio, dando de ombros. – Tudo isso apareceu de repente na minha cabeça.

– Quem ensinou a você? – disse Nasser, voltando-se para Caio. –

Como é que você sabe dessas coisas, mas não sabe seu nome?

– Eu também gostaria muito de saber – Mila lançou uma suspeita sobre Caio. – Ainda quero descobrir quem você é. Quem sabe isso pode valer alguma coisa?

– Que perda de tempo! – reclamou o homem com a cicatriz. – Chega de jogar corpos ou de leis por aqui! Vamos jogar uma corda e pronto.

Mila, com uma expressão sombria se levantou e num só lance mirou seus olhos no homem nervoso e amarrou a corda em uma pilastra.

Está com pressa, Mabid? – indagou a mulher de um jeito bem gentil. O homem, segurando a corda, respirou fundo e a encarou. Ela se aproximou e rodeando o homem, suas mãos cobertas pelas luvas de couro foram lentamente pegando a corda e foram amarrando-a na cintura do homem que respirava em ritmo acelerado. – Já que você não liga pra leis, então você não vai se importar se eu usar seu corpo para uma experiência, não é? – Com um sorriso traiçoeiro, repentinamente, ela o empurrou para dentro do poço. Durante a queda a corda foi escorregando do peito ficando presa apenas no tornozelo direito de Mabid.

– Pela vida do profeta! – desesperou-se Hassan finalmente se aproximando do poço. – Você enlouqueceu, Mila?

– Claro que não, Hassan – Mila se agachou e acendeu uma lanterna apoiando-a no joelho. – Nosso amigo impaciente só provou que os cálculos estavam certos. Escuta só! – vitoriosa, a chefe apreciava os gritos de socorro de Mabid enfurnado no buraco em total escuridão. – É, agora só tenho que decidir.

– Decidir o quê?

– Bem, Hassan, se esse poço tivesse uma roldana ficaria mais fácil de vocês erguerem esse pesadão, mas como não tem, acho melhor soltar a corda de vez.

– Que Alá tenha piedade! – apavorou-se Habbit, enquanto Mila largava a corda. – Você quer acabar com a pobre alma?

– Bem que eu gostaria, mas fica para a próxima. Essa corda tem 40 metros. Se estamos ainda escutando a pobre alma é porque o poço tem mais de 40 metros e olhem só... – Mila, rindo, saboreava a expressão de pânico de Mabid ao ver que a lanterna revelava um chão de terra bem abaixo das suas mãos trêmulas. Fitando a todos, friamente, a líder se levantou e desafiou o grupo. – Alguém mais quer descer?

Capítulo 13

Seguindo o bando, Caio foi descendo pela corda e ao atingir o fundo descobriu que ali se escondia uma passagem através de um túnel muito estreito.

Os homens prepararam-se para a empreitada tirando das mochilas uns bastões de madeira. Enquanto amarravam trapos velhos na ponta dos bastões, Nasser pegava um pote de barro cheio de um líquido viscoso. Caio ficou interessado ao ver Nasser polvilhando algo branco no pote.

– O que está fazendo? – perguntou Caio

– Estou colocando sal no óleo – disse Nasser, limpando as mãos na túnica branca.

– Mas pra quê?

– Você vai ver. – o garoto egípcio pegou um dos bastões e encharcou os trapos com o líquido. Riscou um fósforo e acendeu o bastão como uma tocha. – O sal impede que a tocha solte fumaça.

– Ah, sei! – completou Caio, preparando uma tocha. – A fumaça aqui embaixo iria nos sufocar. Bem bolado esse truque.

– Ha! – riu Nasser num tom de zombaria. – Esse truque é velho. Os antigos egípcios já faziam isso para poderem escavar aqui nesse vale. Pra um sabidão, você já devia conhecer.

– Engraçado – retrucou Caio. – Sabia que você ia dizer isso.

Com todas as tochas acesas, o grupo foi sendo guiado por Hassan, com Mila logo atrás segurando sua lanterna. Várias vezes foram surpreendidos por morcegos dependurados no teto da caverna. O túnel logo adiante revelou possuir várias passagens, algumas tão estreitas quanto a largura dos ombros. O labirinto subterrâneo não os intimidou. Todos seguiam se espremendo, engatinhando. Seguindo o tio de Nasser que consultava um mapa, aprofundavam-se na escuridão. Devagar, o grupo avançava pelo desconhecido, tateando as ásperas paredes de calcário. Hassan investigava o local afundando uma vareta de madeira no chão para se certificar que não havia nenhum fosso camuflado. Apesar de pisarem com cautela, os ombros de alguém descuidado sempre acabava por provocar o desprendimento de algumas pedras traiçoeiras. Aquelas paredes sufocantes davam a impressão de que estavam esmagando-os e a cada passo elas iam expondo suas cicatrizes profundas demarcadas pelo passado, escavadas pelas mãos calejadas dos antigos operários. Caio respirava com dificuldade, o nariz e a boca estavam entupidos de sujeira. O calor insuportável o deixava ensopado de suor.

– Que porcaria! Como esse lugar pode estar tão cheio de lama?

– Simples, garoto – resumiu Mila, prendendo o cabelo com um grampo. – O Vale dos Reis nem sempre foi um vale.

– Como assim?

A chefe parou de andar. Após pegar o cantil e tomar uns goles de água, tirou a luva com os dentes, esfregou a mão na testa e virou-se para o curioso.

– Durante os milênios o vale sofreu com chuvas tão intensas que, numa época, transformou-se num imenso lago.

– Num lago! E como então ficaram as tumbas?

– Como acha que ficaram? Alagadas, né? – implicou Nasser com ar de superioridade. – Muitas peças foram soterradas na lama ou levadas pela enxurrada. A tumba de Ramsés II, por exemplo, tem a entrada aberta desde a época dos gregos, mas, até hoje a tumba está entulhada.

– É verdade! – voltou Mila a falar ao mesmo tempo em que tateava as pedras soltas enlameadas. – Essas paredes são testemunhas dessas inundações. Imagine o quanto elas poderiam nos contar. Quantas pinturas carregadas de encantamentos foram arrancadas pela violência das águas. Quantos tesouros estão perdidos nesses túm... – por uns segundos, a arqueóloga se deixou embriagar pelos seus pensamentos. Caio sentiu o quanto o olhar da cientista sofria ao vagar por aquela passagem silenciosa e fria. Mas fortes labaredas vindas das tochas fizeram-na retornar à realidade. Com firmeza, ela continuou engatinhando pela passagem sóbria e repulsiva.

Com a roupa imunda e tentando limpar os óculos tortos, Hassan prosseguia apesar de mal conseguir ler as indicações do mapa. A caminhada se arrastava. Após atravessarem um interminável corredor, exalando um cheiro de morte, encontraram uma vastidão de portas em ambos os lados. Algumas das portas davam para câmaras secundárias, mas ao seguirem mais à frente, Mila dirigiu o foco da sua lanterna...

– Que é isso! – estranhou Hassan, segurando os óculos mais perto dos olhos.

Cravado na escuridão havia um par de olhos dourados penetrantes que os deixou paralisados. Um dos comparsas segurou com força a faca na cintura e, lentamente, ergueu a tocha. Com um suspiro de alívio encarou apenas uma estátua negra que trajava um avental, sandálias, um bastão longo. Todos aqueles adereços cintilavam como ouro. Uma víbora dourada com presas afiadas saltava do turbante daquela figura negra, deixando-a com uma forte aparência ameaçadora. Os olhos pintados eram de um ouro vivo que dava a impressão de que a estátua estava atenta, guardando uma porta lacrada.

Mila, não querendo perder tempo, impediu o bando de roubar a sentinela negra e ordenou que tratassem logo de arrebentar a porta. Depois de muito trabalho, fizeram um buraco, mas uma grande quantidade de terra deslizou sobre o grupo.

– Socorro!

Um poço se abriu sobre os pés de Habbit. Caio, que por pouco também não caíra na armadilha, dera um saltou e agarrara-se a uma rocha.

– Me ajudem! Eu vou cair! – o pobre Habbit ficou pendurado pelos dedos encravados e, com toda força, tentava fincar os pés nas paredes escorregadiças.

– Pare de se mexer, primo!

Com a ajuda de Caio, Nasser passou uma corda na cintura do coitado que já dava sinais de não mais conseguir se manter.

– Puxe! – comandava Caio o resgate.

– Ele pesa demais! Não dá! Ele vai nos levar juntos.

– Depressa! Passe a corda por esta rocha aqui.

Os dois seguraram a corda esticada a passaram em volta da pedra.

– Pronto. – Caio estava satisfeito e agora, fazendo a rocha como se fosse uma roldana, os dois conseguiram agarrar o primo.

– Que Alá seja louvado! – agradeceu o primo ajoelhado, beijando o chão. Muito agradecido, ele se levantou e foi até os dois salvadores e os abraçou com força.

– Pare com isso! – resmungou Caio que já estava arrependido de ter salvado aquele homem tão forte que fazia questão de esmagá-lo.

Após limparem a área, o grupo encontrou vários corredores que se estendiam ainda mais nas profundezas da passagem.

– Mila – chamou Hassan, consultando o mapa e examinando em sua volta. –, o mapa não indica que corredor pegar.

– E essa agora – lamentou a líder.

– Tá difícil de ler esse mapa – insistiu Hassan a decifrar os pontos e as linhas. – Essas marcas do comprimento da passagem no desenho não coincidem com o que está na nossa frente.

– Como pode ser isso?

– Não sei, Nasser. – O tio ajeitava os óculos. – Ou a pessoa que trabalhou nas escalas desse mapa calculou mal... um engano, por mínimo que fosse nessas linhas já tornaria esse papel aqui sem serventia. – Hassan fez uma pausa assim que notou um círculo desenhado no verso do papel e o mostrou para a arqueóloga. – Que coisa é essa?

Me dê isso aqui! – Mila arrancou o mapa das mãos de Hassan. – Não é possível! Mas isso aqui... isso aqui parece a marca de um carimbo. Mas como eu não vi isso antes? – Mila se virou para o primo de Nasser bem revoltada. – Habbit! Você não tinha me dito que esse mapa estava guardado há anos com seu pai? Que isso aqui foi a única coisa que ele deixou pra você antes de morrer? – o primo de Nasser, bem desajeitado, começou a andar para trás, se encolhendo num canto atrás de um dos comparsas. – Seu desgraçado! Você mentiu pra mim? – a líder se aproximou do apavorado, insistindo no interrogatório. – Onde você conseguiu esse mapa? Como isso foi parar com você? – Mila logo sentiu a verdade estampada na cara medrosa de Habbit e ficou perturbada. – Não! Não me diga que... esse carimbo é da loja de... – o pobre homem acenou a cabeça, confirmando as desconfianças da arqueóloga.

– Perdão! – desabou Habbit no chão. – Foi com Salim, sim, que eu consegui esse mapa. Me perdoa!

Furiosa, a mulher correu na direção do primo indefeso, mas Hassan e Nasser se juntaram à frente do parente, tentando barrar a ira da chefa.

– Mila, tenha calma! – implorou Hassan.

– Como posso ter calma? – relutou a líder. – Esse imbecil nos deu um mapa que pode muito bem ser falso.

– O mapa é autêntico – gritou o primo de Nasser. – O único problema é que está um pouco rasurado.

– Seu burro manco cego dos dois olhos – xingou Hassan. O sobrinho nem tentava se defender dos tapas que o tio lhe dava na cabeça. – Como pôde cair nessa? Eu já não mandei ficar longe daquele miserável?

– Me perdoa, tio! Pensei que estivesse fazendo um ótimo negócio. Eu só queria que o senhor se orgulhasse de mim. Salim me disse que quem aceitasse enfrentar os perigos desses túneis ficaria rico. Ele me garantiu que...

– Garantias daquele trapaceiro? – ralhou Hassan com o inocente sobrinho. – Quando você vai aprender? Você mais parece um turista.

– Ei! – queixou Habbit, levantando-se do chão. – Também não precisa me insultar assim.

– Parem com isso! – exigiu Mila. – Agora não adianta ficar brigando. Eu vou resolver isso. Deve haver alguma coisa nesse maldito mapa que indique o caminho. Tem que haver algo de verdadeiro nesse mapa.

– Claro que não tem – disse Hassan num tom desesperado. – Nós vamos morrer!

– Cale-se, seu covarde! Eu não vim aqui pra perder.

Mila ficou estudando as inscrições com a fraca luz de sua lanterna. Depois de algum tempo, a visão daquela caçadora de tesouros, apesar de cansada, mirou a luz num canto do papel rasgado. Uma figura borrada deu-lhe finalmente uma pista.

– Isso aqui relata algo sobre oferendas trazidas pelos sacerdotes para o ritual. Nesse momento do funeral, a estrela de Órion estava posicionada a leste...

A líder retornou para perto da sentinela e tateou suas mãos de pedra. Na mão direita notou que a estátua negra possuía uma marca na palma levantada. Parecia uma estrela de oito pontas. A arqueóloga pegou uma bússola no bolso da bermuda e fez alguns cálculos. – Vamos seguir pela passagem mais à direita. Teremos mais chances seguindo nessa direção.

A estátua da sentinela, ressuscitada pela escassa luz das tochas, perpetuava seu olhar de pura maldição aos intrusos. A mulher, agora à frente do grupo, pressentiu que aquele local merecia ser investigado, mas com muita cautela. Devagar eles foram entrando e se esgueirando até se depararem com uma câmara minúscula. Mila estava verificando as escritas na parede com a lanterna presa na sua boca, quando um dos comparsas encostado na parede provocou um desmoronamento.

– Cuidado! – Hassan afastou o amigo do perigo.

Tanto a chefe quanto o bando escaparam com vida. Enquanto se recobravam, a poeira foi se dispersando. Pouco a pouco, uma brecha surgiu na parede tombada, revelando um corredor secreto. A passagem, atravancada de pedras, fez com que o grupo perdesse muito tempo para desobstruí-la. Usando as pás e os pés-de-cabra, o pessoal se pôs a forçar a retirada da última pedra quando... sem aviso... uma parte do teto cedeu.

– Fujam! – Nasser empurrou Caio para salvá-lo de uma das pedras que deslizou, enquanto os outros fugiram como puderam. Mila, entre tosses e engasgos se refazia do susto e via se todos estavam bem. Hassan, agachado e tirando a poeira dos olhos e entre os escombros, achou seus óculos todo arranhado. Engatinhando, foi tentando ajudar os companheiros. Quando avistou Nasser, pediu ao primo Habbit para ajudá-lo a retirar uma pesada pedra de cima do garoto. Foi com muito alívio que o tio notou que o sobrinho menor sofrera só uns arranhões na perna. Sami que nesse tempo fugira da mochila lambia a testa do seu dono que fazia caretas, aguentando-se de dor.

Enquanto isso, um pouco mais afastado, Caio acendia sua tocha, até que um forte estalo o fez virar-se para cima. De súbito, o resto do teto desabou e algo pegajoso tombou em cima dele. Apavorado, lutou desesperadamente, tentando se livrar. Depois de muito lutar, conseguiu atirar para longe a coisa estranha. Ofegante, acendeu sua tocha e aproximou-se para ver o que era. Uma sensação de arrepio atingiu como um raio a sua espinha culminando num forte temor em sua mente. Seu rosto ficou contorcido de pavor quando a chama exibiu uma forma cadavérica ressecada com costelas frágeis, pernas e braços mumificados cobertos por pedaços de faixas estraçalhadas. Como que hipnotizado por aquele ser ressecado, o garoto curioso aproximou a chama às feições deformadas e estarrecidas da múmia. Uma boca aberta com dentes enegrecidos congelava uma expressão de pavor. Dos dois orifícios oculares daquele crânio oco e rachado saíam larvas pretas rastejando pelo maxilar exposto. Abismado, Caio se aproximou mais e mais. Num relance, as mãos do defunto, se dobraram e agarraram o pescoço do jovem indefeso. Com os olhos alarmados, Caio se debateu e chutou como um louco. As mãos ressecadas o sufocavam. Rapidamente, o grupo veio ao seu socorro e, por fim, Mila, quebrou os braços da múmia, que estalaram como simples gravetos, obrigando-a a largar sua vítima.

– Essa coisa... – Caio ficou engasgado. – essa... coisa... Tá viva!

– Que isso! – assustou-se Nasser, deslizando a mão agitada sobre o furão nervoso no ombro. – Como pode ser? Isso... isso só pode ser um truque, não é!

– Mas como? – Caio, ainda em choque, passava a mão no pescoço. – Por que logo eu? Por que essas coisas só acontecem comigo?

– Foi a sua curiosidade, rapaz que causou isso – elucidou Mila, enquanto Caio tentava voltar a respirar normalmente. – Os egípcios sempre foram obcecados em afastar os intrusos. E para isso, sempre usaram o medo como arma como aquela sentinela de visão dourada no meio da escuridão. O medo impera nesses túneis. – Mila aproximou da tocha caída de Caio e completou. – Sua tocha pregou-lhe uma boa peça.

– Como assim? – perguntou Caio cercado de olhares dos ladrões intrigados.

– Desse jeito. – a arqueóloga colocou a tocha perto das faixas da múmia. Dessa vez uma das pernas se contorceu. – Viu! A resina que envolve as faixas da múmia, quando aquecida pela tocha, apertam os braços da múmia. Isso é o suficiente para fazer que os antebraços ou os joelhos se contraiam.

Os homens, antes preocupados, começaram a rir aliviados. Caio deu um profundo suspiro, esfregou a testa suada e deu uma boa risada nervosa.

– Que maravilha! – agitou Nasser. – Tenho que usar esse truque. O pessoal lá da feira vai gritar que nem loucos!

Milla se aproximou dos braços da múmia e deu mais uma olhada.

– Pelo tamanho do antebraço – ela observou, apalpando a múmia. – , essa pessoa tinha por volta de um metro e setenta e cinco de altura. Hum! Alta para os padrões da época. – ela continuou o exame, arrancando o crânio do morto. Foi raspando o topo do osso com o seu facão escondido na bota. Em seguida verificou os dentes do esqueleto. – Esse crânio é de um homem que morreu com a idade de sessenta anos. Apesar de pertencer à classe rica sofreu uma intervenção cirúrgica na perna direita e morreu sofrendo muito.

– Como pode saber disso tudo? – questionou Caio, tentando ver os ossos nas mãos da cientista.

Numa criança os ligamentos dos ossos estariam mais afastados. Os dentes me dizem a idade. Veja como se encontram desgastados. Essa pessoa teve até alguns arrancados. Pela falta de serra na extremidade dos dentes... é, sem dúvida, isso indica que tinha por volta de sessenta anos. – a cientista observava o esqueleto. – Sobre a cirurgia, existe um longo pino de ferro nos ligamentos da tíbia direita. Pelo tamanho e a disposição do pino essa intervenção foi feita pós-morte e apenas para deixar a múmia com melhor aspecto. Os ossos estão muito fragilizados. Isso denota uma perda substancial de cálcio, esse é o principal sintoma da osteoporose que causa muita dor. Com relação a dizer que ele foi rico, basta verificar o linho usado para enfaixá-lo e... – Mila parou de falar ao reparar em algo que brilhava debaixo da perna da múmia, afundada na lama. – Olhem só! – exclamou boquiaberta, pegando um bracelete dourado e azul em pedaços com o símbolo de dois patos. – Os patos representam oferenda aos deuses... esse bracelete de ouro... isso é da época de Ramsés II. Essa múmia é de um dos favoritos do faraó ou então... espera um pouco. – Mila olhou em volta espantada. De repente, ela pegou uma picareta e começou a arrebentar a parede detrás da múmia. Depois da poeira abaixar, se voltou para os outros com a aparição. – Pelos deuses!

– Por Alá! – comentou um dos homens, largando o charuto no chão. – Mas não pode ser. Essa é a tumba KV5. Mas como! Eu já estive nesse lugar e não era tão grande assim. De onde apareceram tantas câmaras assim?

As tochas fizeram jorrar um filete de luz naquela imensa e interminável treva. A tumba era uma monstruosidade e de suas entranhas emergiam diversos corredores formando longos tentáculos.

– Os corredores nas outras tumbas só possuem no máximo duas passagens – comentou Nasser. – Eu nunca vi uma desse tamanhão. Nossa! Deve haver centenas de portas aqui.

– Que descoberta! – entusiasmou-se Mila, circulando o local. – O que todos pensavam ser uma tumba sem importância é, na verdade, a maior já construída. Essa tumba é da época de Ramsés II – Mila soltava seus pensamentos. – O faraó teve uns 30 filhos homens. Ele sobreviveu a pelo menos 12 deles. Ele os enterrou tal como fez com sua esposa Nerfetari que foi encontrada no Vale das Rainhas. Merneptah, o primogênito, foi sepultado em uma tumba própria. A múmia que encontramos era alta tal como Ramsés era. – Mila andava sem parar pelas colunas. – Quando o faraó envelheceu, deixou de vez o poder para os filhos. Eles, assim, desempenharam funções de grande importância para manter o reino. Eles eram muito mais do que príncipes. Por isso, ao morrerem antes do pai, devem ter sido enterrados em tumbas luxuosas ou...

– Numa tumba gigantesca – concluiu Nasser.

– É claro! – Mila agitava as mãos no ar. – Essa é a tumba dos filhos de Ramsés. – completamente deslumbrada, ela gritava, comemorando o achado. Mas aos poucos, ao ver que os homens se mantinham quietos e desanimados ela parou e chateada voltou-se para o bando. – Mas o que há com vocês? Será que vocês não entenderam ainda que nós somos os primeiros em milênios a tocar nessas colunas, nessas câmaras? Que tudo isso estava escondido por trás dessas paredes falsas? Somos os primeiros!

– Somos também os primeiros a respirar esse ar fedido – disse Hassan, chateado. – Que perdição! Cadê o ouro? Cadê?

– Pelo jeito estamos chegando tarde – lastimou Nasser, pegando nuns pedaços de um vaso quebrado perto um sarcófago vazio. – Ladrões já estiveram aqui e foi há bastante tempo. Pode até ter sido na época de Ramsés.

– Isso explica aquela coisa podre despedaçada – foi deduzindo Caio, um pouco entristecido. – Arrancaram a múmia do sarcófago, rasgaram as faixas e roubaram tudo.

– Que bastardos! – aborreceu-se Hassam, socando o ar. – Não deixaram nem um pouco pra gente. Malditos sejam! E agora? O que faremos?

– Vamos prosseguir – ordenou Mila. – Ainda temos muito que fazer. Ou será que já esqueceram da tumba de Tutancâmon?

– Mas o mapa nos trouxe para a tumba errada – desanimou-se Hassan. – Não têm mais jeito. Acabou.

– Eu acho que não. – Mila pegou sua bússola e consultou o mapa. – Na verdade, devemos estar bem perto.

– Como assim? – indagou Caio.

– Os antigos construtores quando escavavam uma nova tumba sempre tinham a preocupação de fazerem um estudo geológico frequente do local escolhido só continuavam a escavação se a rocha fosse resistente, do tipo calcário. Se durante o trabalho deparassem com uma vasta jazida de xisto, o pessoal, então, para evitar desabamentos ao escavar nessa pedra mole, eram forçados a interromper o trabalho e recomeçar em outra área. Como isso ocorria com frequência, o espaço no vale começou a ficar limitado. Assim, os egípcios foram obrigados a mudar a planta dos túneis que sempre escavavam em linha reta para em forma de "L" que ocupava menos área. Por causa disso, esse vale virou um gigantesco labirinto com túneis inacabados, paredes falsas, armadilhas... não é difícil imaginar que as sepulturas estão tão próximas uma da outra que é possível passar de uma a outra ou percorrer centenas de metros antes de voltar à superfície.

– Mas então estamos perdidos? – desesperou-se Hassan já se ajoelhando e fazendo uma prece. – Eu não acredito que vou acabar aqui embaixo da terra. Não! Isso, não! Fomos amaldiçoados!

– Pare com essa asneira! – brigou Mila, levantando o covarde. Em seguida, consultou a bússola. – Vamos continuar por aqui. – a arqueóloga, com uma repentina frieza, abandonou o grande achado. Sem esperar pelos outros, dirigiu-se a um dos corredores.

Capítulo 14

O bando prosseguiu pelas passagens mórbidas. Nasser, mais recuado, apoiava a mão no ombro amigo de Caio, no qual a mascote havia se acomodado confortavelmente. Os passos angustiados e cansados dos homens ressoavam pelos corredores, envoltos por sombras desfiguradas projetadas pelas tochas. Com a lanterna em punho, Mila foi percorrendo o longo labirinto. No final do trajeto o grupo se confrontou com uma forma humana esverdeada sem rosto. A líder, ao mirar a sua lanterna, tornou a figura fantasmagórica mais nítida: era uma estátua de 1,5 metro pintada de verde-cinzento, com a face despedaçada e com braços cruzados sobre o peito empunhando um cajado de pastor.

– É Osíris – identificou a arqueóloga.

– Como tem tanta certeza? – duvidou Caio. – A cara dele está toda arrebentada.

– Isso é elementar! – disse Mila com seu jeito arrogante. – Qualquer principiante sabe que Osíris era sempre retratado com a pele nesse tom esverdeado, pois além de ser deus da criação e do reino dos mortos, ele também era o deus da vegetação. – Caio se sentiu humilhado ao ver o ar de deboche do grupo que pairava sobre ele.

A cientista prosseguiu e ao orientar a lanterna para as entradas em ambos os lados surgiram outras surpresas. Passagens extensas levavam a outros acessos que davam para outras câmaras camufladas por mais paredes falsas.

– Isso aqui não acaba, não? – reclamou Caio, exausto.

– Pior! – desanimou de vez a arqueóloga, verificando a câmara de cima a baixo. – Pelo que descemos, devemos estar uns 60 metros abaixo da superfície.

– Como pode ser? Como puderam construir tudo isso naquela época sem se perderem?

Milla leu umas indicações na parede, ordenou que a seguissem e subiu uma rampa atrás da estátua de uma deusa com braços em forma de grandes asas douradas. Passado algum tempo, mandou a todos que parassem. Enquanto os outros descansavam, a cientista, como que magnetizada, ficou atraída por um pequeno desenho esculpido no teto. Ao passar a mão em volta do desenho notou que se tratava de um bloco solto. Com a ajuda de dois homens, introduziu umas barras de ferro numa pequena brecha e desse modo conseguiu empurrar o bloco.

– Essa abertura é muito estreita – observou Hassan.

– Nasser, entre pela fenda – ordenou Mila, impaciente.

O rapaz, com o furão enrolado no pescoço, entregou a mochila para o tio e apoiou-se num dos blocos... inesperadamente, o teto cedeu e pedras rolaram.

– Maldição! – blasfemou o tio. – Você está bem, Nasser?

– Meu ombro! – murmurou o ferido, rangendo os dentes. – Acho que quebrou.

Os homens tiraram os escombros de cima de Nasser que teve a clavícula direita imobilizada. Mila, sem hesitar por um instante, fixou-se em Caio que estava a prestar socorro ao amigo.

– Deixe Nasser, Haj. Os outros cuidarão dele. Entre ali e veja o que há lá dentro!

– Mas está tudo solto.

– Ande logo! – impôs Mila de forma seca, arrancando a tocha de

Caio e entregando a ele sua lanterna. – Leve também esse isqueiro e acenda-o antes de entrar. Se ele não acender não entre. A tumba pode estar cheia de gás.

Cheio de raiva, Caio pegou o isqueiro e prendeu a lanterna entre os dentes. Devagar, agarrou-se nas pedras, apoiando os pés nos ombros de Habbit. Um pouco de terra e pedregulhos rolaram por cima da sua cabeça, mas, mesmo assim, seguiu em frente. No momento em que conseguiu se equilibrar, Caio enfiou o isqueiro e fez o teste. O isqueiro custou a pegar, mas no fim acendeu e a chama azulada se manteve ardente. Os homens comemoravam o progresso do novato que, ajeitando primeiro a lanterna, entrou pela passagem. O corpo do jovem explorador estava estremecido pela expectativa. Bem devagar, enfiou a cabeça. Uma brisa quente jorrou através da abertura e provocou um leve impacto na testa suada. Respirando firme, ele apontou a lanterna. Rompeu-se a escuridão. As pupilas, gradualmente, foram se acostumando à claridade e a visão entrou em foco. Caio tossia com ar confinado e por um breve instante não soltou nem mais um suspiro. Naquele momento seu rosto se congelou.

– E aí! – gritou Mila, impaciente com o silêncio de Caio. – O que está vendo? – o silêncio prosseguiu, deixando a líder enfurecida. – Que ódio! Diga logo o que está vendo?

– Ma-ra-vi-lhas!

Diante daquele jovem, estavam presentes homens, mulheres, animais... mais do que isso, estava diante de deuses retratados como imagens vivas ou aprisionados em corpos de estátuas. Desenhos de um colorido intenso estavam pintados nos diversos móveis espalhados pelo recinto. Sombras de umas cabeças de serpentes douradas com presas afiadas, sobre as tábuas cobertas por escritas, davam um toque de um intricado enigma a espera de ser decifrado. Nesses poucos segundos que se encontrou com aquela presença viva do passado uma forte emoção o envolveu. Pela primeira vez, em séculos, alguém respirava aquele ar que se conservava morno. Finalmente um visitante inesperado surgia para aqueles seres esquecidos no tempo trazendo-os novamente à luz. Caio não tinha dúvida de que, perante seus olhos, estava a maior conquista dos antigos egípcios: a eternidade tinha sido lacrada naquela câmara milenar.

Mas aquilo era apenas o começo. Eram tantas peças de ouro e tantos móveis luxuosos amontoados que Caio se sentiu perdido. Por todo lugar podia esbarrar nas diversas camas, cadeiras e mais e mais outros objetos de um lar desconstruído, assim como uma bigaque estava totalmente desmontada à espera de ser atrelada a dois cavalos e voltar a correr pelo deserto comandada pelo faraó. De um lado havia dezenas de pacotes amontoados, no outro lado mesas e estatuetas se sobrepunham umas às outras. Ao fundo, avistava-se um enorme barco também desmontado. De todos os cantos rebatiam fagulhas vindas de vasos, urnas, estátuas que tinham detalhes de arte em um banho dourado, o esplendor de ouro puro. A claridade de um denso amarelo cegou por segundos a razão do jovem desbravador. Caio, alucinado, foi se apossando das joias e mais joias que estavam dentro de uma arca. Ao virar-se para trás tentou agarrar miniaturas de estatuetas de ouro, mas os braços sobrecarregados já não tinham mais como segurar.

Enfeitiçado pelo brilho do esmalte colorido dos colares dependurados num manequim de madeira, Caio acabou jogando todas aquelas peças douradas para o alto e se apoderou do outro tesouro. Enquanto brincava com aquelas joias, esbarrou numa cabeça que o fez saltar. Custou a perceber que se tratava de uma escultura feita de madeira. Os olhos da estátua eram grandes delineados por uma maquiagem preta e o rosto era pintado num tom de pele tão fiel a ponto de fazer Caio acreditar que a cabeça estava viva. O encanto, ao encarar aquela cabeça, só desapareceu quando teve a atenção atraída pelos gritos vindos do buraco no chão.

Milla forçava a retirada de outro bloco e berrava feito louca pela ajuda do garoto. Muito contrariado, Caio colocou a lanterna no chão, pegou a corda que a líder havia jogado e amarrou-a em uma das pesadas estátuas de ouro. A mulher subiu, mas ao espiar aquele ambiente tenebroso tratou logo de acender pequenas tochas e lamparinas que estavam espalhadas no local. A luz deu vida à tumba ressuscitando seus segredos. O resto do bando, com muita dificuldade, invadiu a câmara entulhada.

Murais e estátuas de figuras de humanos e animais cercavam os intrusos e o brilho do ouro fuzilava todos de uma só vez. Todos ficaram boquiabertos, dando voltas e mais voltas no lugar. Mila foi a única que, embora impressionada com toda aquela riqueza, sentiu-se atraída a um certo ponto do aposento, onde havia um trono de madeira folheado a ouro e de pedras preciosas, com os braços em forma de cabeça de leão e os pés em forma de patas. O encosto dourado ostentava o retrato de um casal de jovens reis. O olhar de cada um, o leve toque da mão da jovem nobre sobre o ombro do rei, conservava o calor dos amantes. Mila prendia a respiração. Sem mover um músculo da face, esforçava-se para conter as lágrimas que teimavam denunciar a emoção diante daqueles incríveis artefatos históricos que deixariam qualquer arqueólogo absolutamente realizado. Súbito, um objeto atrás do trono atraiu sua curiosidade. Era uma estatueta de ouro com detalhes que a fez não resistir a passar os dedos. Aqueles hieróglifos gravados na base, aos poucos, fizeram os lábios trêmulos evocar:

– Tu-tan-câââ-mon.

Pelas centenas de vasos e pacotes amontoados em cima dos móveis, Nasser fazia suas próprias descobertas. Desembrulhava os pacotes e verificava o conteúdo, esfregando-o entre os dedos.

– Tudo isso aqui é comida pro morto levar pra eternidade! Pena que não presta mais.

– O que está fazendo, menino? – repreendeu Hassan. – Não mexa na comida do morto.

– Nossa, isso tudo só pra um morto! – espantou-se Habbit. – Quanto tempo durava essa viagem pra eternidade?

– Cale essa boca, Habbit – zangou-se o tio, empurrando o sobrinho mais velho. – E você, Nasser, saia daí já.

– Ah, tio, tô com fome.– Nasser insistiu em revirar tudo que encontrava no caminho. – Ninguém lembrou de trazer algo pra comer? Eu não vou morrer de fome justo dentro de uma tumba.

– E você acha que vai encontrar alguma coisa aí? – zombou Caio que examinava uma arca contendo pertences do faraó, tais como: um bumerangue, arcos e flechas e um tabuleiro, cujas peças tinham o corpo de um leão e uma cabeça humana.

– Opa, achei algo! – Nasser segurava um pote de cerâmica e já se servia do seu conteúdo. – Que gostoso. Parece mel. – ele lambia os dedos sentindo o gosto com a ponta da língua. – Oba! Isso tá ótimo. – Caio e Habbit estavam surpresos ao verem Nasser comendo a guloseima milenar. Sem cerimônia, o guloso sentou-se numa cama dourada com pés em formato de patas de leão e ficou a se fartar com os pedaços de favo e somente parava de se entupir quando se lembrava de tomar goles de água do cantil que trazia pendurado no ombro imobilizado. Depois de forrar o estômago, limpou os beiços de qualquer jeito na manga da túnica e deu um enorme arroto. O folgado, já se sentindo pesado, deu uma longa espreguiçada e se acomodou no duro leito real.

– Que isso! – zangou-se Hassan, tentando tirar o pote protegido pelo corpo do sobrinho. – Pare com essa loucura. Você quer morrer?

– Mas isso não está estragado. Só está cristalizado. Siva-se, tio.

– Imagina se vou perder tempo com isso – Hassan empurrou o sobrinho para fora da cama. – Como pode ficar aí parado com tanta riqueza pra tudo que é lado?

Nasser, emburrado, pôs-se a aquecer o pote com a tocha e assim se lambuzar mais ainda com o mel derretido.

Hassan, muito contrariado, recuou até tropeçar numa arca. Chutou o móvel no meio do caminho, mas a zanga só foi diminuindo quando reparou nos desenhos coloridos em todas as faces da arca. Os desenhos eram tão ricos em detalhes, principalmente as de um jovem faraó caçando um bando de aves, que isso o fez imaginar que aquela arca seria na verdade um cofre de madeira com algo bem valioso. Rápido, tirou um punhal da túnica, rompeu o selo real e ergueu a tampa. Qual foi seu desapontamento ao perceber que ali dentro só havia um monte de roupas quase virando pó, algumas luvas esgarçadas e meias apodrecidas. Inconformado, insistiu mais um pouco, mas quando achou uma pele de leopardo, uma crise de espirros deu por encerrado a busca pelo tesouro. O pobre frustrado ficou mais nervoso ao perceber que estava entre outras duas sentinelas negras, ostentando aquelas fisionomias severas que tanto o incomodavam e mais aquelas desafiadoras lanças, mas logo se acalmou ao ver que dessa vez Mila não estava por perto para detê-lo de surrupiar os aventais, sandálias tudo feito de ouro e as reluzentes serpentes sagradas nos turbantes. Já estava prestes a terminar o serviço quando a tocha revelou uma parede entre as estátuas e notou que na verdade elas protegiam uma porta camuflada.

Hassan, muito eufórico com a descoberta, chamou Mila. Não demorou nada para o bando farejar algo precioso detrás da parede cimentada. Puseram-se a pegar as marretas e arrebentar o esconderijo. O trabalho estava lento visto que havia muitas pedras bloqueando a tentação, mas acabaram conseguindo abrir. Mila foi a primeira a entrar pela brecha e mal acreditou ao esbarrar num muro extenso de ouro que barrava o caminho. O toque da mão incrédula ao sentir que o muro era coberto por símbolos mágicos a deixou desarmada. Aflita, deu ordens ao bando que logo se concentrou na retirada do restante das pedras junto ao muro. Não demorou a compreender que não se tratava de um muro, mas sim de uma gigantesca urna ocupando toda aquela área A urna era recoberta de ouro de alto a baixo, com uma altura de aproximadamente três metros, decorada com mais cenas de homens e deuses, destinados a proteção do faraó. Mila averiguou que havia apenas uma passagem de sessenta e cinco centímetros entre a urna e a parede. Para andar em volta da urna, teve que ir com muito cuidado, pois a passagem estava atravancada de oferendas fúnebres. Hassan mal conseguia respirar naquele cubículo.

A câmara mortuária estava coberta de pinturas coloridas, retratando o que Mila logo identificou como sendo cenas do ritual da preparação do morto. A parede à frente retratava três cenas de Tutancâmon. Na primeira, ele estava na forma de Osíris mumificado com uma barba postiça, com braços que emergem do corpo cruzados sob o peito. Aquela imagem do deus associado à vida do além segurava com as mãos cruzadas no peito o cajado *hekat* e o açoite *nekhakha* e na cabeça ostentava a coroa *atef*, a coroa branca com duas plumas de avestruz. Diante de Tutancâmon como Osíris estava um homem com a pele de leopardo nos ombros. Na segunda cena, no meio do mural, Tutancâmon era visto como um garoto, cumprimentado pela deusa Nut, mãe dos Céus, que acolhia os mortos. Na última cena Tutancâmon abraçava Osíris com se estivesse a aceitar a vida após a morte. Atrás do morto estava Ka , a representação espiritual do faraó, abraçando-o. A parede ao oeste exibia doze babuínos, o símbolo de Thoth, o deus da escrita e sabedoria, que representavam as doze horas durante a noite que Tutancâmon deveria passar antes de entrar na vida após a morte. Acima dos animais, duas imagens de Osíris estavam ajoelhadas nas extremidades de um pequeno barco, adorando um escaravelho ao centro que representava o deus sol. O barco ajudava o faraó morto a chegar ao seu destino. No lado direito desta pintura caminhavam como vivos as imagens de deuses como: Maât, a deusa da justiça, Hórus e Ísis. Na parede que o grupo tinha arrebentado, a parede sul da câmara, reluzia o retrato do Ísis, que tinha sido danificado com o arrobamento, mas ao lado permanecia intacto o deus com a cabeça de um cão negro ou chacal, Anúbis e Hathor; deusa do amor, beleza, música e maternidade que recebiam Tutancâmon com Hathor prendendo no faraó vários *Ankhs*, o símbolo da vida eterna. No mural ao leste estava gravado o feitiço do *Amduat* (o Livro dos Mortos), juntamente com a descrição da procissão funeral de Tutancâmon onde a múmia era carregada num trenó.

Hassan e Habbit foram seguindo Mila até pararem diante de uma pequena porta da urna. Ela colocou a mão no trinco. A respiração de cada integrante do bando tornou-se uma só. Mila abriu a porta e uma segunda urna reluziu e depois mais outra urna de ouro e mais outra portinhola surgiu. Impaciente, Hassan quebrou o selo e esbarrou na quarta urna e mais outra porta; a única diferença era que a última urna era mais magnífica que as outras. Ninguém suportava mais o suspense. Quando a abriram a porta... todos entraram e... os olhos da arqueóloga foram os primeiros a soltarem fagulhas cheias de assombro. Diante daquele grupo tão esgotado surgiu um sarcófago feito de um único bloco de pedra de quartzito amarelo coberto de inscrições. Aos pés do sarcófago uma deusa alada tinha os braços abertos em defesa do sono eterno do faraó. Os ladrões, desprezando daquela proteção divina, golpearam repetidas vezes até desmontarem as chapas de cada urna para alcançarem o sarcófago.

Mila assistia aquela barbaridade, cerrando os punhos e calada, apesar de seu lado científico implorar para que ela interrompesse. Cada batida de martelo, cada fincada da picareta arremessada sem piedade, não só danificavam as belas urnas como também danificavam para sempre as inscrições que certamente revelariam a história de um grande momento do passado. Ao término dos golpes, os saqueadores se debruçaram sobre a tampa de pedra arrebentada e constataram a presença de um ataúde com contornos de um corpo coberto por diversos panos. Usando uma faca afiada o homem de cicatriz foi apunhalando os tecidos velhos e apodrecidos. Arrancaram a tampa e acharam um segundo sarcófago com o retrato do jovem faraó entalhado na tampa de madeira folheada a ouro e ornamentado com um traje simbolizando a imagem de Osíris. Mabid foi dilacerando aquela obra de arte, que reluzia como nova, forçando sua abertura de qualquer maneira e, após muita luta, topou com um terceiro ataúde revestido por um pano de linho. Mila afastou os homens ao verificar que todo o espaço entre o segundo e o terceiro ataúde estava coberto de uma massa pegajosa escura quase até à tampa.

– Esse óleo – analisava a arqueóloga, esfregando um pouco do líquido negro na mão para em seguida cheirá-lo. – Parece um fluido à base de gordura e resina usado para conservação das múmias. Mas por que, diabos, colocaram tanto assim? – sobre o pano úmido e enegrecido havia uma coroa de flores que ainda conservava seu colorido. – Essas flores... – silenciou-se.

– O que têm elas? – indagou Mabid, rispidamente. – Isso não vale nada.

– Elas brotam somente no final de março e como sei que os egípcios levavam 70 dias para o preparo da múmia... – Mila fez rapidamente os cálculos. – Tutancâmon morreu então no final de janeiro.

– Que maravilha saber disso – ridicularizou Mabid.

– Você, é claro que não se interessa por nada a não ser gastar com as mulheres da taberna. – o bandido de cicatriz se encheu de ódio ao escutar as risadas dos comparsas. Mila sentia que aquele era o seu momento para humilhar aquele que a fazia sentir como uma mera ladra e continuou:

– Se tivesse um pouco de inteligência saberia que isso é apenas um pedaço de um quebra-cabeça para desvendar como um jovem rei morreu tão inesperadamente. Sem contar que com essas flores poderíamos também descobrir como os egípcios conseguiam conservar os corpos... veja como essas flores se mantém lindas.

Quando Mila tentou segurá-la, a frágil coroa se desmanchou por entre seus dedos assim como a fragilizada toalha de linho. Antes que alguém pudesse rir, o lado sombrio de Mila tomou o comando e ordenou que todos continuassem o arrombamento. Os homens se juntaram e com toda força tentaram abrir a tampa, mas o unguento os impedia. Hassan pegou um punhado de palha de sua sacola, forrou as laterais do ataúde e ateou fogo. O calor aumentava e um odor forte exalou daquela massa negra. Aos poucos, o óleo foi se dissolvendo, desprendendo a tampa pesada que revelou um sarcófago todo feito de ouro maciço, onde encararam uma múmia com uma imensa e pesada máscara de ouro que escondia a face do faraó. Centenas de amuletos de ouro em forma de escaravelhos estavam enrolados entre as faixas de linho apodrecidos. Cada dedo do pé do morto era revestido por dedais e os pés calçavam sandálias, tudo isso era também feito de ouro. Voraz, o bando atirou-se sobre a presa real. Uma a uma, as jóias que deveriam formar uma armadura mágica a fim de proteger a alma da múmia, foram sendo arrancadas. A múmia carbonizada pelo líquido preto pegajoso revelou uma face indefesa, o puro reflexo da depredação.

– Isso é meu! – exigiu Mila enérgica entre os briguentos. – Vocês podem pegar tudo que quiserem, mas isso aqui é meu. – a arqueóloga se afastou, enquanto o grupo prosseguia no saque. Pegou uma pequena lamparina acesa e ficou girando devagar a miúda chama sobre a máscara mortuária de ouro. Mal podia acreditar na vitalidade que irradiava da peça que, apesar dos milênios, ainda exibia as sobrancelhas de vidro azulado e um olhar forte que a fazia crer estar, realmente, diante do faraó. A cada jogo de luzes a expressão fria e metálica se modificava. Às vezes demarcava traços de serenidade em um rosto jovem, em outras uma faísca avermelhada emanava de um ser severo... mas de todos os modos a face envolvida por um adorno listrado azul, onde se destacava os animais protetores, a cobra e o abutre, definia a força de um deus inatingível.

Caio e Nasser, mesmo com toda aquela confusão, tentaram se aproximar e pegar alguns colares caídos no chão, mas foram logo rechaçados pelos outros.

– O que pensam que estão fazendo? – ralhou Mabid, empurrando Caio que em seguida tirou as joias das mãos de Nasser que enchia uma sacola. – Caiam fora, seus moleques!

– Ei, me devolve isso! – reagiu Nasser, tentando reaver seu tesouro. – Eu não vou ficar sem minha parte.

– Não nos aborreça, menino! – Hassan falou num tom tão enérgico que Nasser não mais reconhecia o tio. – Você vai ter sua parte. Eu me encarrego disso. Mas, agora, vocês dois, fiquem aí no canto. Esse lugar é apertado demais pra todos nós.

– Apertado? Põe apertado nisso – resmungou Habbit. – Minha casa é um palácio comparada a isso aqui.

– Isto aqui é apertado demais pra uma tumba de um faraó– sentenciou Mila que analisava todo o ambiente. Observou algumas chapas ainda de pé e constatou: – Eu diria até que tudo isso feito de forma improvisada. Já notaram que, em toda essa tumba, existem apenas só nessa área paredes decoradas? A montagem dessas urnas de ouro foi feita às pressas. Essa aqui, por exemplo, está invertida. Esta outra no lugar errado... essas portas foram posicionadas para o oeste em vez de abrirem para o leste como era o costume. E vejam essa múmia. Ela está encharcada de óleo. Dá a impressão de que o faraó ficou em decomposição por muito tempo antes de começarem os preparativos do embalsamento e tiveram que colocar bastante desse bálsamo pra disfarçar o cheiro do corpo apodrecido.

– Se era pra disfarçar – opinou Hassan, abanando a túnica contra o rosto. – Isso aí fede mais que o meu velho camelo.

– Deixem isso pra lá – exigiu Mabid, pegando outro saco vazio e já se servindo com mais joias. – Vamos pegar tudo que puder e sair logo daqui.

Enquanto Mila discutia com Mabid sobre quem era o líder, Nasser não acreditava em como todos aqueles velhos companheiros tinham sido possuídos pelo brilho da ganância a tal ponto que o tratavam tão mal. O garoto e Caio recolheram-se num canto, mas não demorou muito para que Nasser voltasse a andar por ali. Sua atenção foi logo despertada ao notar uma sombra que acentuava a imagem do faraó como Osíris, recebendo os últimos preparativos para a viagem por um homem vestido com uma pele de leopardo.

– Que estranho esse homem usando a pele de leopardo.

– Por que diz isso, Nasser? – Caio tentava achar algo de errado na figura e só reparava que a mão da figura segurava algo diante da boca do morto que para Caio lembrava um cachimbo longo e fino.

– Esse ritual era realizado pelo sucessor que colocavam a pele de leopardo, e faziam o Ritual da Abertura da Boca e Olhos, mas esse homem parece ser muito mais velho que Tutancâmon...

– Como você pode ter certeza de que não é só um sacerdote?

– Porque ele também está usando a coroa azul chamada *Khepresh* e ela só era usada pelo faraó em cerimônias ou em batalhas.

– Pra que servia esse ritual?

– É um ritual que servia pra devolver os sentidos ao morto antes da sua viagem à outra vida... o sujeito tocava a boca do morto com um instrumento mágico e recitava um feitiço. – Nasser continuava a observar a imagem. – Que estranho esse homem virar faraó. Tutancâmon não deixou nenhum herdeiro?

– Pelo que sei, não deixou ninguém e foi um vizir chamado Ay que se tornou faraó.

– Foi o vizir? Mas como? Ele não devia ser da família real, não é?

– Não era, mas ele se casou com a viúva de Tutancâmon.

– Estou achando essa história muito estranha. Faraó morre cedo, viúva casa com vizir... e, pra piorar, o pobre do Tutancâmon foi parar nesse buraco?

– Pelo jeito, ele foi enterrado às pressas.

– O que vocês estão fazendo? – ralhou Hassan, empurrando os dois curiosos.

Nasser assustou-se e encostou-se no muro.

– Nada, nada. Só estava olhando.

– Saiam daqui! Vocês só estão atrapalhando.

– Mas eu quero pegar a minha parte do ouro.

– Saiam ou vocês vão ganhar uma surra!

– Venha, Haj! Deixe-os aí. Vamos ver o que mais tem fora daqui. – Com raiva, Nasser agarrou o braço de Caio e recuou para outro canto da câmara. Os bárbaros voltaram a pilhagem e a cada peça arrancada da carcaça dourada da múmia, crescia o número de empurrões e chutes.

Capítulo 15

Com uma tocha os rapazes saíram da câmara mortuária e foram parar na sala com os objetos entulhados.

Os dois exploradores foram tomados pela sensação de que alguém os vigiava. Nasser, com um calafrio subindo por suas mãos frias e escorregadias, tentava manter a tocha erguida. De repente, a fraca luz da chama fez saltar um par de olhos ferozes dourados com orelhas em pé também douradas. Parecia ser um animal a sua frente, mas por mais que Nasser agitava a mão, o animal permanecia estático.

– Deixa isso pra lá, Nasser. – Caio já se sentia cansado. – Vamos procurar outra coisa por aí.

Nasser ignorou o pedido do amigo e persistiu em desvendar o mistério sobre aqueles olhos ferozes que se tornavam cada vez mais claros e mais vivos ao aproximar a luz da tocha. Súbito, Caio sentiu as garras de um animal resvalando em seu pescoço.

– Uauuu! – Caio deu um pulo, ao mesmo tempo em que Nasser iluminava o agressor.

– Sami! – Nasser surpreendeu-se ao ver que a sua mascote estava enroscada no cabelo de Caio.

Os dois riram e acariciavam a mascote, mas logo Nasser foi novamente compelido a investigar o dono daquele par de olhos dourados. A tocha finalmente revelou que era apenas uma estátua de um animal negro deitado em posição de ataque, coberto por um xale de linho dourado com franjas, adornado por flores de lótus em ouro.

– Que bicho mais sinistro – Caio tirou os panos e acariciou o dorso da estátua.

– Eu devia ter imaginado – Nasser segurava a sua mascote que se escondera dentro de sua túnica. – Que praga! É Anúbis.

– Quem?

– Esse é o deus que tinha o poder de impedir os corpos dos mortos de apodrecerem. O deus da mumificação. – Nasser olhou para o amigo que parecia estar confuso. – Haj, que memória ruim que você tem. Você acabou de vê-lo pintado na parede do sarcófago. Anúbis é aquele homem com a cabeça de chacal. – Nasser falava e falava, mas Caio parecia não o escutar. Algo atraíra sua atenção e o fez tirar a lanterna do bolso.

– Nasser, o que é isso aqui?

O egípcio, estranhando a voz do amigo, logo foi verificar do que se tratava. Nasser não parava de sacudir as mãos no ar.

– Eu não acredito! Veja só isso! É um... é um santuário...

– Todo de ouro! – constatou Caio, deslumbrado.

– Espera aí. – Nasser pegou uma faca de sua túnica e raspou o local sagrado. – Isso aqui é de madeira chapeada de ouro.

– Tava bom demais! E essas deusas? – A lanterna piscava, mostrando que a energia acabava, mas ainda conseguia registrar os detalhes de quatro deusas esculpidas. Cada uma delas se mantinha ereta em cada lado da urna dourada de costas para os exploradores com os braços erguidos num gesto de proteção. – Essas estátuas são de ouro?

– Deixa eu ver. – o egípcio raspou uma das figuras. – Não, elas são de madeira.

– Bom, essas estátuas, pelo jeito, devem estar protegendo alguma coisa valiosa – Caio parecia animado e Nasser continuou examinando a urna dourada.

– Ei, Haj, venha aqui. Me ajude a abrir.

Com muito esforço, os dois arrombaram o santuário. Ao apontarem a lanterna para o interior, viram uma arca feita de alabastro finamente esculpido com as mesmas deusas entalhadas fincadas em cada canto da arca mantendo a mesma posição de defesa que as anteriores. Os dois rapazes ergueram a tampa e jogaram-na atrás do santuário quase arrancando uma cabeça de uma vaca com chifres que representava a figura de uma deusa. Na arca havia quatro divisões onde estavam quatro espécies de vasos, cujas tampas tinham o feitio da cabeça do faraó.

– Ei, Haj, não abra isso – pediu Nasser, tentando tirar um dos vasos das mãos de Caio. – Passe pra mim.

– O que é isso? – indagou Caio, segurando firme o objeto.

– Ah, Haj, me dê isso aí!

– Não antes de me dizer o que é.

– Passe logo ou vai se arrepender.

– Por que você quer tanto? – afoito, Caio tirou a tampa de um deles e enfiou a mão. – Mas que nojo?

– Te peguei, Haj! –Nasser caiu na gargalhada.

– Mas que lixo! – Caio tentava de todas as maneiras tirar os pedaços dos órgãos mumificados do rei esparramados na roupa.

– Não gostou? Ué, por que não? – Nasser não parava de rir, enquanto Caio se enchia de caretas. – Ah, que isso Haj. Você pode até escolher. Olha só! Aqui tem o pulmão, nesse tem o fígado. Que acha desse intestino? Esse estômago aí é o melhor pedaço do tesouro.

– Ah é, pois se é o melhor pedaço, pode ficar com isso e mais esse outro aqui. – Caio jogava os vasos no colo de Nasser que se esquivava. – Dê isso aqui pra sua Samira.

Deixando o santuário de lado, os dois rapazes decidiram vasculhar todos os cantos da pequena câmara, onde talvez tivesse peças de ouro mais fáceis de serem transportadas. O local estava repleto de miniaturas de modelos diferentes de barcos e mal se conseguia andar tal era a quantidade de móveis e arcas que se encontravam empilhados. Uma outra caixa de madeira enegrecida estava colocada no alto da pilha de objetos.

Dentro dela dois pequenos ataúdes faziam referência a Osíris. Ao abrirem encontraram duas pequenas múmias de fetos que haviam sido tratadas como muito cuidado. Como última alternativa antes de abandonarem o local sem nada de ouro puro, Nasser foi até a estátua de Anúbis e a iluminou com sua tocha. Foi só neste instante que percebeu que o guardião negro estava deitado justamente em cima de um cofre dourado preso por um tipo de trenó. Com o uso de uma alavanca, Caio e o egípcio abriram o cofre. Quando se voltaram para seu conteúdo, os olhos dos rapazes pararam de piscar. A cada peça que iam retirando, recheavam suas mãos fazendo-as tremerem de anseio. Eram escaravelhos de ouro que Nasser pendurava no pescoço, juntamente com um peitoral. Eram tantos amuletos e oferendas de ouro que os dois nem conseguiam mais pegar. O egípcio se divertia, chegando a ponto de travar uma batalha, atirando joias em Caio que revidava, mas, rapidamente, deixando a brincadeira de lado.

– É melhor a gente parar. – Nasser juntou as peças espalhadas no chão e penduradas nos modelos de barcos. – Temos que tirar esse ouro daqui, senão os outros vão tirar da gente.

– Ah, de jeito nenhum.

– Então me ajude. – Nasser pegou uns panos velhos e umas pequenas tiras de cordas perto de outros móveis amontoados e improvisou um saco. – Vamos esconder tudo na tumba dos filhos de Ramsés, voltamos como se nada tivesse acontecido. Quando eles forem embora, pegamos a nossa parte.

Caio arrastava o pesado saco com uma pequena ajuda do amigo cúmplice que ainda sentia dores no ombro machucado. Com cuidado, evitavam qualquer ruído que alertasse o bando. Os rapazes já se encontravam no túnel e caminhavam para a tumba dos filhos, quando ouviram, vindo de frente, um estalo de um graveto, partindo-se no chão. Preocupados entreolharam-se. E, como se tivessem um só pensamento, pegaram o saco e se puseram a correr para o lado oposto do túnel com Caio guiando o caminho com a lanterna falhando. Passos e mais passos, num ritmo lento, num compasso ameaçador, seguiam os dois fugitivos que se embrenharam na negra vastidão. O jovem egípcio, apertando a mão contra o ombro dolorido, foi diminuindo a marcha até que, não suportando mais a agonia, chamou o parceiro. Caio retornou já sem poder contar com sua lanterna. Tateava as paredes até ver a luz da tocha do amigo ofegante encostado numa grande pedra no meio do caminho. Pelo canto da pedra, ficou a espreita. Os passos ecoavam mais fortes, mais próximos.

Uma luz bruxuleante de uma tocha rebatia na parede da entrada e com ela foram surgindo olhos vivos, piscando intensamente, delineados por sobrancelhas grossas. Caio apagou a tocha e Nasser segurou a respiração. Os olhos assombrados foram cercando a dupla que já se supria de um punhado de pedras. Outros passos mais pesados acompanhavam o misterioso intruso. Caio e Nasser não resistiram a tentação e deram uma espiada. Os passos se aproximavam. Uma silhueta cobriu toda a parede ao lado direito da passagem. Uma forma masculina, segurando um lampião, caminhando em passos de militar, se uniu à figura de olhos descobertos e de súbito uma luz forte pairou sobre os dois garotos, deixando-os momentaneamente cegos.

– É você, Haj? – duvidou outra voz vinda de um homem, retirando o véu preto sob a cara que antes deixava apenas os olhos intimidadores à mostra.

– Hanset! Jamal! – reconheceu Caio. – Mas como?

– Como, pergunto eu – sussurrou Hanset, mantendo um dos braços na cintura. – Que diabos está fazendo aqui com essa corja? Será que além de perder a memória perdeu o caráter?

– Eles me ameaçaram. Eu não tive escolha.

– Escolha? Não vejo nenhuma arma apontada pra você. Veja só! Pensei que realmente você fosse alguém. Mesmo você não sabendo quem é, você me deu a forte impressão que era de valor e que tinha futuro. Veja no que você se tornou. – Cabisbaixo, Caio sentia raiva pelas duras palavras, enquanto o inspetor olhou para o garoto egípcio e continuou a bronca. – Nasser, seu ladrãozinho, você tinha que trazer Haj pra uma das suas, não é? – o inspetor se abaixou perto do saco de pano perto de Caio e num lance o abriu. Seus olhos mal puderam distinguir o que havia, tamanho era o esplendor que emanava daquelas relíquias. – Isso é fantástico! Isso aqui! – Hanset pegou uma delas e, segurando firme o lampião, foi traduzindo os pequenos desenhos encontrados no verso. Com uma voz descrente continuou. – Vocês... vocês acharam a tumba de Tutancâmon! Pelos céus! Mila não pode sair com isso. Depois de tudo que Carter passou.

– Me devolve isso! – brigou Nasser. – Depois de tudo que Carter passou que nada; e o que a gente teve que passar pra chegar aqui, hein! Não conta, não?

– Isso não! De jeito nenhum! –o inspetor arrancou o saco das mãos do garoto. – Isso aqui pertence ao museu.

– Deixa isso com a gente – pediu o egípcio. – Isso não é nada comparado com que tem lá na tumba.

– É! – apoiou Caio. – Só aquela máscara do faraó que Mila pegou vale muito mais.

– O quê! – disse o inspetor perturbado. – Mila achou o quê? Mas e a múmia e o sarcófago, como abriram? A tumba não estava lacrada como Carter imaginava?

– Es-ta-va – respondeu Nasser que estava muito indócil. – Mas já quebraram e arrebentaram tu-do.

– Não! – desesperou-se Hanset, jogando o chapéu violentamente no chão. – Todos os artefatos, todas as obras de arte e as escritas. Tudo arrancado. E Carter nem teve chance de fazer um estudo. Que bando de canalhas! Vocês destruíram anos de pesquisa!

– Calma, Hans! – preocupou-se Jamal ao ver o amigo com as mãos tampando o rosto. – Ainda podemos impedir um estrago maior. Agora se recomponha, homem, senão eles vão nos escutar.

– Diabos! Temos que pegá-los de surpresa – ele pegou o chapéu e depois se olhou para os garotos.

– O que você vai fazer conosco? – desconfiou Nasser ao ver o inspetor tirando as algemas do bolso da calça.

– Estou avisando, Nasser – Hanset foi levando algemados os garotos para o corredor em direção à tumba. – Se tentar avisar aos seus companheiros, vai se dar muito mal. Isso também serve pra você, Haj. Não me decepcione mais ainda.

Antes que Caio pudesse dizer algo, Jamal que tinha tirado lenços de sua túnica e amordaçou a dupla.

Os dois iam sendo empurrados por Jamal pela passagem de volta para a tumba, enquanto Hanset foi liderando, carregando nos ombros o saco de pano.

Chegando perto do buraco no teto, o inspetor foi à frente e em seguida agarrou os rapazes que com dificuldade entraram na tumba novamente. Mais difícil foi Jamal e Hanset se controlarem ao se confrontarem com aquela antecâmara totalmente aniquilada pelo bando selvagem de Mila. Embora estivesse muito aborrecido com aquela deplorável visão, o caubói passou as algemas dos parceiros daquele crime por entre um pé de uma cama em forma de pata de leão, cujo encosto tinha a forma de um crocodilo e a borda semelhante a uma traseira de um hipopótamo. Jamal largou o saco num canto e mais adiante, pegou pedaços de cordas perto de um barco dourado desmontado. Entregou as cordas a Hanset que tal como um vaqueiro num rodeio foi amarrando as mãos e os pés dos rapazes como se fossem dois novilhos.

Os dois homens caminharam em direção a abertura guardada pelas sentinelas negras e se posicionaram sem serem vistos pelos ladrões.

Caio e Nasser estavam num ângulo que os impedia de enxergar a entrada e tiveram que se contentar em apenas escutar todas as ações. A discussão entre os ladrões sobre a posse de um colar de pérolas ecoou pela câmara. Mais adiante, ouviu-se o choque das pérolas caindo no chão. As vozes dos ladrões se misturavam. Cada um culpando o outro pela confusão.

– Mãos ao alto! – soou a ordem enérgica de Hanset.

– O que é isso? – disse a voz nervosa de Mabid.

– Parados! – exigiu Hanset com mais firmeza do que antes.

– Mas como vocês vieram parar aqui? – indagou a voz sensual de Mila, desnorteada.

– Sua maldita! – xingou Hanset num tom severo. – Como você pôde cometer esse sacrilégio? Destruiu tudo.

– Como você veio parar aqui? – insistiu a fala enraivecida da vilã.

– Sua profanadora! – as palavras de revoltas vibraram pelo ar – Eu avisei que iria ficar de olho em você e já deveria saber que por uma boa soma de moedas, o velho Salim não deixa de contar nada.

Uma pausa. Caio imaginava a cena, na qual Mila, ao ouvir o nome do velho comerciante, virava-se para Habbit com fúria.

– Não o culpe, Mila – consolou o vozeirão de Jamal. – Afinal, aquele velho trapaceiro acabou entregando o ouro. Quem diria que o mapa era legítimo? – os risos do beduíno se espalharam pela câmara.

– Que bom que escolheu um bando ruim – retornou Hanset à trama com um discurso mais relaxado. – Com tantos estragos que provocaram, seguir vocês, foi mais fácil de o que seguir uma manada de elefantes.

– Seguir pode ser fácil... fácil... fá...– ecoou a voz do traiçoeiro Mabid. – Mas pegar não vai ser, não!

Um grito. O som do impacto de um soco seguido por um gemido e mais um barulho de algo como um corpo tombando no chão. Um objeto se quebrando. Alguém gritando para terminar com a briga. Outro soco. De repente... um tiro! Caio e Nasser se olharam apreensivos com o desfecho, imaginando quem havia vencido.

– Nããooo! – eclodiu o grito de Mila – Não faça isso.

Caio fez o máximo para se esticar e desvendar o que acontecera sem perceber que seus movimentos machucavam o ombro ferido de Nasser. Num relance viu uma sombra que se assemelhava ao contorno de Mabid içando uma tocha num momento e no outro a mergulhando para dentro do sarcófago. Os vultos confusos de diversos braços erguidos exibiam o pânico que se instalou. Um forte cheiro de óleo queimado foi se alastrando rapidamente seguido por um fogo irado.

Silêncio. Uma brecha temporal foi sobrepondo-se ao espaço ocupado pelo fogo. Tudo e todos se congelaram ao seu redor. De súbito, uma névoa seguida por uma imagem turva barrou a visão de Caio, preenchendo o espaço e enclausurando-o em outro tempo. Caio teve vontade de gritar, de fugir. Piscou repetidas vezes, mas o fenômeno inesperado arrebatou a realidade trágica que estava há poucos segundos a sua frente. Um vento gélido o envolveu e com ele cenas enevoadas o cercaram, fazendo-o vagar por entre formas fantasmagóricas que se tornaram mais consistentes.

Sim, agora Caio podia entender aquelas manchas que aos poucos foram tomando formas de homens e mulheres com trajes do Egito Antigo. Cada um daqueles seres do passado acompanhava um cortejo fúnebre que avançava para o interior de um recinto, cuja decoração das paredes assemelhava-se à que foi vista na tumba de Tutancâmon. Homens usavam máscaras que cobriam a cabeça por inteiro na forma de um chacal negro. Eram liderados por soldados que seguravam tochas. No fim da procissão, homens fortes ostentavam um sarcófago de ouro. Um menino com o dorso nu e a aparência de um criado se ajoelhou e descarregou uma caixa que levava nas costas. Ele a abriu e retirou algumas estatuetas, idênticas às shabits que Nasser usava para impressionar os turistas. Com uma precisa distância de uma estátua a outra, posicionou-as perto do túmulo onde um homem com o corpo coberto por uma pele de leopardo terminava os últimos preparativos do ritual. O homem esperou que todos tomassem seus lugares e com as mãos em prece se fez ouvir através daquela névoa que os envolvia.

– Salve, deuses que contornam o arco do céu. – todos ali presentes reverenciaram. As preces clamaram com mais força. – Eu, Ay, "escriba real"; "o que está sempre à direita do rei"; "favorito do deus na terra" e "Supervisor de todos os cavalos de Sua Majestade", o mais alto posto na divisão da elite do exército, suplico aos deuses que não deixeis vosso filho, Tutancâmon Heqaiunushema, ser lançado à muralha de chamas ardentes. Eu vos suplico que não deixeis nossos feitos caírem em esquecimento e nem deixeis a roda do tempo desgovernar. Com essas fórmulas mágicas de nossos ancestrais, evoco a proteção para que o vosso deus da terra, nosso faraó menino, possa atravessar os perigos que o espreitam na jornada junto aos nossos deuses. Que o coração do nosso soberano, puro e leve, caia nas graças de Maât e afastado de Ammut no grande julgamento divino e só assim nossa pátria, nossa terra, poderá continuar a ser protegida pelos deuses como...

Caio deixou de escutar o resto daquele ritual que ecoava através da assombrosa viagem no tempo. O barulho das fagulhas do fogo crepitando nas madeiras ao seu redor o fez regressar à uma realidade infernal que se apossara da tumba. A imagem das figuras do passado tremulava como pequenas ondas de um lago de águas transparentes até serem totalmente diluídas pela agitação do calor e das chamas.

O incêndio descontrolado foi se arrastando pelo sarcófago de madeira e pela palha espalhada no chão do pequeno recinto, forçando os ladrões a empurrarem uns aos outros ao mesmo tempo em que tentavam apanhar o máximo de sacolas e equilibrá-las nos ombros.

Hanset tentou impedir que Mila saísse com a máscara, mas o fogo ergueu uma barreira entre os dois.

Hassan saiu pela brecha no chão sem notar a presença do sobrinho amarrado num canto da antecâmara e, seguindo os outros, mergulhou no buraco fugindo tal como faz um rato de um navio naufragando.

As chamas se espalharam e os poucos que ainda restavam na tumba já se sufocavam com a fumaça. Jamal e Hanset tentaram socorrer os dois amarrados, mas a fumaça tornava-se rapidamente mais negra e densa.

A última visão que Caio teve dos dois amigos de Carter foi deles chegando perto até que de repente os dois foram atingidos por pedras soltas no teto. Seus olhos adivinharam que os dois parceiros estavam acabados.

As labaredas cresciam e açoitavam uma a uma as estatuetas douradas. O fogo condenava a todos que estivessem em seu caminho. Sem piedade, castigava as sentinelas douradas fazendo-as escorrer lágrimas douradas de agonia. As estátuas dos deuses guardiões perdiam seu brilho intenso, sua imortalidade, suas formas sobrenaturais.

Caio e Nasser, que haviam conseguido arrancar as mordaças, tentavam desesperadamente morder as cordas.

– Não vamos conseguir! – desesperou-se o egípcio.

– Tente desamarrar minhas mãos – pediu Caio fazendo o mesmo.

A situação foi piorando. O fogo estava alimentando-se das inúmeras peças de madeira e tecidos. O trajeto flamejante seguia em direção à saída da tumba.

Nasser ainda persistia em desatar os nós, quando sentiu algo se mexendo nas suas costas dentro da sua túnica.

– Sami! – alegrou-se o dono do furão. – Tire as cordas.

O ágil animal fincou seus dentes e foi roendo a corda do pulso do seu dono até soltá-lo. Nasser, rapidamente, livrou suas mãos e desamarrou o amigo.

– Inferno! – estourou Caio ao tentar se soltar das algemas. – Como vamos tirar isso?

– Vem cá, Sami! – o bichinho se aproximou de Nasser que já respirava com dificuldade. – Faça seu serviço já! – no mesmo instante a mascote treinado exibiu suas unhas e como um profissional enfiou uma delas no fecho. Foi mexendo, virando para um lado depois para o outro até se ouvir um clique e a algema se abrir.

Cercados pelo fogo, os dois rapazes tentavam de todas as maneiras chegar até a saída, mas não conseguiam.

– Acabou! – desistia Caio. – Não tem como passar sem nos queimar.

– Ainda não! – Nasser sem perda de tempo, revirava os vasos, todos os recipientes em sua volta.

O moreno olhava fixamente para a sua mascote que se embrenhava por uma abertura na parede debaixo da cama em que antes estavam presos.

– Venha comigo, Haj!

Caio seguiu o egípcio. Os dois se depararam com uma pequena sala contendo mais objetos. Eram dezenas de vasos e mais pacotes espalhados. Nasser revistava todo o lugar, atirando os objetos pra todos os lados. Caio ficou num outro canto da sala tateando as paredes.

– Estamos encurralados! – Caio estava visivelmente frustrado. – Não acho nenhuma passagem.

Nasser, sem esconder seu medo, continuou a revirar tudo que encontrava pela sua frente.

– O que está fazendo? Pirou de vez?

O egípcio foi abrindo os vasos e cheirou.

– Isso aqui era vinho, mas já secou. – ele pegou alguns pacotes amontoados e os abriu. – Maldição! Só tem comida podre aqui.

Caio não entendia. Olhava para a passagem na antecâmara. As chamas avançavam em rápidas explosões. Um calor terrível invadia o ar que já era difícil respirar. Sem hesitar, caminhou sendo atraído pelo brilho das chamas tal como uma mariposa. Subitamente foi atingido por labaredas que chamuscou suas pernas.

– Haj! – gritou o amigo, rasgando panos de cima de alguns vasos amontoados. –Cubra-se.

Caio se enrolou e fez um turbante com os panos, deixando apenas os olhos descobertos. Nasser foi para o último canto e persistiu em vasculhar várias arcas. O fogo esgotava o tempo. Fazendo uma pequena prece com os olhos cerrados, o persistente abriu a última arca.

– Não! – irritou-se o amigo. Caio ficou olhando o desesperado surrando uma massa endurecida acinzentada.

– O que houve? – perguntou Caio, tirando o pano do rosto.

– Eu estava procurando algo que eu pudesse misturar com a água do meu cantil pra virar barro, mas só tem essa argamassa empedrada. Não tenho água suficiente pra molhar as roupas. Desse jeito, não vai dar pra enfrentar o fogaréu.

– Mas que inferno!

Nasser não respondeu. Ele examinava tudo ao seu redor até observar um pequeno orifício numa parede ao lado.

– Achei! – gritou ele, ao enfiar a mão para pegar um pouco da lama ali escondida no buraco. Em seguida, foi esparramando aquela espécie de creme pela face, no pescoço...

– Tome! – disse o egípcio, dando um pouco da lama a Caio. – Passe isso na pele.

– Pra quê?

– Que coisa, Haj! Passe logo! O barro não vai deixar a pele de a gente se queimar e aí poderemos passar pelo fogo. Passe logo! – Nasser, bem irritado, acabou por esbofetear Caio que ficou carimbado com a palma da mão enlameada.

Enquanto Nasser tratava de acalmar Sami, Caio esbarrou num pequeno barco de madeira. Nesse momento lembranças de uma noite de lua cheia vieram à tona: Caio via-se acompanhado por outros jovens cruzando um rio num barco com o casco voltado para baixo como se fosse um submarino submerso.

– Nasser, venha aqui – pediu Caio, tentando virar o casco do barco pra baixo. – Tive uma ideia. Vamos usar esse barco para passar pelo fogo. Venha! – Os dois se enfiaram debaixo do barco e, mais parecendo uma tartaruga desengonçada de oito patas, saíram dali atravessando a barreira ardente.

As duas almas penadas besuntadas de lama mergulharam pela abertura no chão. Nasser, que arrastava o saco cheio de ouro e levava a mascote aflito dentro da sua túnica, foi o último a cair fora daquele inferno. Por sorte, teve sua queda amortecida pelo corpo de Caio ainda se levantando do chão. Sozinhos e sem mais nenhuma tocha embrenharam-se por aquela noite eterna.

Capítulo 16

Somente depois de se arranharem por aquelas paredes escavadas, apalpando o bermudão, Caio achou o isqueiro de Hassan. Com muita dificuldade o acendeu.

– Você se queimou – notou Nasser ao ver os joelhos do parceiro.

– Tudo bem! – acalmou Caio, escondendo a pele chamuscada com o bermudão. – Isso é bobagem. Vamos sair daqui.

– Tá difícil. Não dá pra enxergar nada. Como você sabe que é esse o caminho? Desse jeito, a gente pode ficar perdido de vez.

– Para de reclamar! – enraiveceu-se Caio. – Eu estou tentando lembrar o caminho – ao reparar que o amigo havia ficado chateado com a zanga, voltou a falar com mais calma. – Olha, Nasser, eu só sei que temos que ficar longe da fumaça. Agora, vamos!

Caio tentou avançar por uma estreita passagem, engatinhando, mas os joelhos ardiam demais. Nasser se prontificou a ajudar, mas o teimoso amigo insistiu em prosseguir.

– Que droga! – zangou-se Caio.

– O que houve?

– Grudei a cara numa teia.

Caio tentava desesperadamente arrancar aqueles fios pegajosos, mas a dor das queimaduras acabou por derrotá-lo de vez fazendo-o se recostar na parede rangendo os dentes.

Nasser catou algumas teias no teto e esfregou até tudo virar pó.

– Por que está fazendo isso? – indagou Caio.

– Já vai saber pra quê. – o egípcio agachou-se e dando um leve sorriso animador, sem cerimônia, cuspiu nas queimaduras limpando o sangue e depois polvilhou o pó branco nos ferimentos.

Caio não entendia aquilo, muito menos ainda quando viu que o metido a curandeiro tirou o pote de mel da túnica e esparramou-o na queimadura. Por fim, Nasser pegou mais um pouco da teia no teto e fez uma atadura com ela.

– Pronto – concluiu Nasser o curativo. – O mel vai cicatrizar a ferida e a teia não vai deixar você sentir coceira.

– Temos que sair daqui – disse Caio, tossindo. – Não estou a fim de virar uma assombração.

– É, já basta aqueles mortos-vivos amaldiçoados com cara de Anúbis.

– Você também viu? – surpreendeu-se Caio reparando em Nasser que exibia expressão de medo. – Puxa, pensei que estivesse vendo coisas.

– Aquilo foi muito esquisito, hein? – disse Nasser, enquanto pegava mais teia, um pedaço de madeira no chão e, por último, apanhou o isqueiro da mão de Caio.

– É. Até parecia que a gente estava vendo o passado e o presente ao mesmo tempo. Parecia que o tempo tinha ficado doido.

– Pra mim, aquilo foi um mau presságio – preocupou-se o egípcio. – Eu é que não quero ver isso de novo.

– O que terá sido aquilo? Era mesmo o funeral de Tutancâmon?

– Também fiquei em dúvida. Você notou que a tumba era bem maior e que numa das paredes tinha a cena de uma caça a hipopótamos?

– Depressa! – Uma explosão soou. Caio levantou o saco de pano, enquanto o parceiro segurava a nova tocha. – Vamos cair fora daqui.

A corrente de ar enegrecida pela fumaça uivava naqueles corredores vazios como um animal abatido. Os rapazes se entreolhavam pelo canto dos olhos esperando que um deles tivesse uma ideia por onde deveriam seguir. Por puro acaso, decidiram se afastar daquela fumaça se mantendo no corredor mais à esquerda. Vagaram ouvindo apenas o eco dos seus passos. Por fim, encontraram uma porta fechada emoldurada por um feixe de luz.

Assovios invadiam a passagem. Mais tarde os dois rapazes defrontaram com gemidos e vozes vindos detrás de uma porta de madeira. Caio acirrava os dentes. Lutava para vencer o medo e retornar ao comando de suas pernas trêmulas. O frio no estômago era o foco de todo aquele pavor que o suor escorrendo pelos cantos dos olhos insistia em traí-lo. Nenhum dos dois queria abrir a porta. Algum tempo depois, sem mais suportar aquela indecisão, Nasser fez sinal para que os dois entrassem juntos. De supetão, acabaram os dois tombando. Com o rosto colado no chão foram erguendo os pescoços e até se depararem com um par de botas. Caio levantou-se devagar apoiado pelas mãos. Seus olhos iluminaram.

– Hanset! – surpreendeu-se Caio ao rever o caubói segurando uma tocha e com a outra apontando um revólver. – Você não morreu!

– Rapazes! – Hanset olhava espantado. – São vocês mesmo? – o inglês guardou a arma e ficou massageando um ferimento de bala no ombro já imobilizado com uma tipoia. – Que bom que conseguiram escapar. Pensei até que fossem fantasmas.

– Por pouco a gente não vira. – Nasser tentava tirar a lama com a túnica. – Eu tive a ideia de pegar barro e passar na pele pra gente não se queimar.

– Bom trabalho!

– É, foi boa – competiu Caio. –, mas fui eu que tive a ideia de usar o casco do barco pra nos proteger.

– Hum! Bem pensado – riu Hanset.

– Cadê Jamal? Ele não conseguiu fugir?

– Estou aqui, Haj. – gritou uma voz vinda do corredor à frente Jamal, emocionado, aproximou-se dos garotos. – Alá misericordioso em

Sua glória! Estão vivos! Como conseguiram?

– Deixa isso pra contar depois – cortou o inspetor. –Vamos tratar de sair logo daqui.

– Mas como você sabe o caminho? – questionou Nasser. – Você tem um mapa?

– Não, mas tenho isso aqui. – Caio e Nasser repararam na palma da mão de Hanset que exibia um pedaço de lâmina de barbear fixado numa rolha por um prego. Numa ponta da lâmina estava escrita a letra S e na outra a letra N.

– Você fez uma bússola – reconheceu Caio.

– É! Nessas cavernas é fácil obter magnetita. – Hanset tirou do bolso da calça um pedaço de uma rocha escurecida. – Esse pedacinho de ímã já bastou pra magnetizar a ponta da lâmina. Pelo menos temos como nos orientar e sair daqui.

– Engano seu, Hanset – disse Jamal, regressando. – Estamos com um sério problema. Fui lá na frente e não achei nenhuma saída.

– Que diabo!– resmungou o caubói, coçando o queixo. – Tem certeza?

– Grandes pedras fecharam o caminho. Vamos ter que arranjar outro caminho.

– Que outro caminho? – exaltou-se Nasser. – A fumaça está nos encurralando que nem ratos. Não temos como voltar.

– Temos que dar uma olhada, Jamal – insistiu Hanset. – Talvez exista algum jeito de abrir a passagem.

O pequeno grupo foi até a passagem bloqueada. Hanset se aproximou das pedras amontoadas e notou que havia na parte superior uma pequena fresta de onde vinha um brilhante raio de luz. Ficou inconformado ao imaginar que mais adiante o alvorecer já teria despertado o deserto.

Enquanto Hanset se torturava com a visão, Caio não desviava seu olhar do cinturão de balas do inspetor e foi devagar esboçando um sorriso. As lembranças vagas de uma cena onde Caio e mais um garoto explodiam a porta de uma cela de uma prisão vigiada por soldados foram lhe atiçando uma ideia.

– Hanset, as suas balas. – Caio estava animado. – Suas balas vão nos tirar daqui.

– No que você está pensando? – questionou Nasser. – Tá pensando em atirar nas pedras, é?

– Atirar, não, mas explodir, sim.

– Explodir? – Jamal ficou interessado. – Como?

– As balas estão cheias de pólvora– esclareceu Caio, empolgado. – Que acha disso?

– Pólvora! É isso! Vamos usar a pólvora pra explodir.

– Boa, Haj! É uma ótima ideia – elogiou Hanset, tirando o cinturão. – Vamos logo com isso. – o caubói amarrou um lenço para tampar a boca e o nariz. – O ar aqui está piorando.

Com muita cautela, Jamal e Hanset foram tirando a pólvora dos cartuchos e despejaram todo o pó negro dentro de num pano. Em seguida, Jamal ajudou Hanset a subir até alcançar a pequena fresta, onde colocou o pano entre as pedras.

– Estamos com um problema, Hanset.

– O que foi agora, Jamal?

– Como vamos explodir essa pólvora?

– Vamos usar uma tira de pano – sugeriu Nasser. – Uma ponta fica junto da pólvora e na outra ponta atiçamos fogo. Enquanto a tira estiver queimando vai dar tempo pra todos nós nos afastarmos.

– Não vai dar certo – reagiu Jamal, desanimado. – O ar está acabando. Sem ar, o pano terá que ser muito curto para não apagar.

– Alguém vai ter que se arriscar acendendo a tira, enquanto os outros se abrigam – concluiu Hanset já se preparando para o sacrifício.

– Não, Hanset. Eu posso correr mais do que você. Eu terei mais chances. Eu vou acender o fogo. É o único modo.

– Que nada! Eu já estive numa situação parecida na guerra. Pare de dar uma de santo e se afaste com os garotos. Eu vou acender o fogo.

– Santo! Pela vida do profeta! E você que está tentando ser um herói morto. Se a desgraça deve cair sobre nós, faça-se a vontade de Alá. Eu vou acender o fogo.

Os dois homens discutiam e a fumaça dominava o interior da caverna. Nasser, preocupado, tentava em vão separar os dois briguentos. Caio, por sua vez, foi para perto da pequena abertura e com os olhos agoniados fixava-se nos primeiros raios de sol que se infiltravam por uma fenda no canto acima da caverna. Nasser, revoltado com a discussão, acabou por empurrar o caubói, fazendo-o tombar no chão. Foi nesse momento que um objeto caiu do bolso da camisa de Hanset e ficou a brilhar. O inspetor ficou paralisado, assim como o beduíno, ao repararem no objeto que com seu longo cabo preto encostado numa pedrinha formou um ângulo que ficou a projetar os raios do sol no chão da caverna.

– A lente de aumento! –lembrou Hanset que ria descontroladamente. – A lente, Jamal!

– A lente! A lente! – repetiu Jamal, erguendo as mãos agradecidas. – Queira Alá sempre a nos iluminar!

– O que deu em vocês? – indagou o garoto egípcio, segurando o furão agitado com a fumaça. – O que tem a lente?

– Jamal, afaste-se com os garotos. Eu vou acender o fogo.

O árabe, com uma expressão confiante, obedeceu. Segurou os braços dos dois rapazes e foi se afastando. Hanset, sem perder mais nem um segundo, pegou a lente e foi para perto da pequena abertura. Apalpou os bolsos da calça até encontrar um pedaço de papel. Em seguida, verificou o ângulo de onde incidia o raio do sol e foi posicionando a lente de aumento sobre o papel agora encostado no pano com a pólvora. Tudo arrumado, o inspetor foi para perto de uma pedra, onde o pessoal estava abrigado.

– Hans, você não ia acender o fogo? – perguntou Nasser, tossindo.

O caubói, olhando atentamente para a lente defronte ao papel, mantinha-se calado.

– Ele vai– emendou Jamal.

– Como? – insistiu Nasser. – Agora ele virou mágico?

– Quase! O Sol nos provê vida. A luz do Sol, tal como a sabedoria de Alá que nos tira da profunda ignorância, nos mostrou a nossa salvação.

O que isso tem a ver? – aborreceu-se Caio. – Por que você fica aí falando tanto? Por que você sempre fala desse jeito tão complicado?

– E por acaso já reparou que pronunciei até o momento 178 palavras num total de 596 letras, Haj?

– E daí? Que maldição, Jamal! Que mania doida de contar tudo. Pra que vou querer saber disso agora?

– Quando um homem calcula está se esforçando pra desvendar os mistérios do universo. É da matemática que mantenho minha razão em momentos cruciais como este.

– E só Alá pra entender essa sua cabeça, né? – disse Nasser, engasgado com a fumaça. – Como pode ficar contando letras? Como isso vai nos ajudar?

– Bem – continuou o beduíno –, neste caso, digo-lhes que mantendo um ritmo nos meus dizeres, mesmo em pensamentos, posso contar as letras e isto me proporciona uma ótima contagem de tempo. É dessa forma que sei quando a ciência entrará em ação. E é com a ajuda dessa ciência que posso prever quando se manifestará a magia da salvação.

– Do que está falando? – indagou Caio intrigado com o árabe.

– Vejam e aprendam, garotos. – o árabe apontou na direção das saída bloqueada. – agora só faltam apenas vinte e duas letras: Que se faça a vontade de Alá!

Quando Nasser e Caio voltaram a olhar para frente notaram que durante esse tempo a luz do sol já havia mudado de posição e se encontrava refletindo sob a lente de aumento de Hanset. Naquele instante o papel por debaixo do grosso vidro pegou fogo, alastrando sobre o pano com a pólvora.

Capítulo 17

A explosão liberou as pedras que bloqueavam a passagem do grupo que já se encontrava com o ar esgotado.

Jamal, usando o próprio corpo, empurrava as outras pedras com a ajuda do parceiro. Sami foi o primeiro a escapar pela nova abertura e seu dono foi atrás. Esquecido do pesado saco de ouro, Nasser apoderava-se de cada gota preciosa do ar puro que era trazido pela leve brisa, mas que também trouxe um barulho perturbador.

– Essa não! – assustou-se o egípcio, olhando para o horizonte. – Não é o avião da Mila?

– Ah, não! – exasperou-se o inspetor. – A bandida está fugindo!

Um raio de desespero fez com que os dois homens disparassem na direção do ruído enérgico do biplano. Caio e Nasser se puseram a segui-los.

Os olhos de Hanset arregalaram-se com a silhueta da mulher que se encontrava escurecida exposta contra o raiar do dia. Mila acomodava a pesada máscara de ouro do faraó que ofuscava a visão dos homens refletindo os raios do deus sol. Quando a ladra reparou na aproximação dos seus perseverantes caçadores, apoiou o seu tesouro na poltrona do avião e, num relance, pulou para trás da roda do avião com sua arma em punho. O som dos tiros projetou os dois homens para a proteção detrás dos veículos estacionados. Hanset estava encostado numa moto e se preparava para revidar, mas sua decepção ficou evidente ao lembrar que não possuía mais nenhuma bala. Mila continuava a atirar. As pessoas que estavam saindo de suas casas recuaram, alarmadas. Sentindo-se mais confiante, a bandida saiu de perto da roda e subiu no biplano. Já estava enfiando o capacete de couro com os óculos na cabeça quando, de repente, uma terrível dor na nuca fez seu corpo estremecer. Tentou levar a mão até o local do forte impacto, mas sentiu-se estranha. Toda sua energia foi definhando. Foi perdendo o equilíbrio, escorregando da asa, tombando lentamente na areia. Antes de tudo escurecer e perder de vez os sentidos a pilota olhou para trás. O vulto de dois rapazes se congratulando, com um deles usando um boné e segurando pedras, revelou quem a derrotara.

– Vamos, Haj – Nasser soltou as pedras e se pôs a observar Mila, querendo ter certeza de que ela estava desacordada. – Vamos logo! – insistiu o moreno apressado, puxando o amigo para subir na asa do avião.– Esquece dela. Ela não vai mais dar problema. – os dois já se encontravam na asa. – Venha! Pegue a máscara e aí...

– Abaixa! – gritou Caio, empurrando Nasser.

Mabid e seus três comparsas corriam em direção ao avião empunhando rifles. As pessoas fora das casas tentavam se proteger dos tiros. Nasser, tombado ao lado de Mila, encolhia-se, protegendo seu mascote. Caio, confuso, atirou-se para dentro do aparelho e sem reparar esbarrou numa alavanca. O avião começou a andar e, sem rumo, foi de encontro a multidão descontrolada. Gritos e tiros se fundiam. Caio tentou dirigir. Puxava e empurrava a alavanca, o manche, mas a situação só piorava.

– Pare o avião! – berrou Hanset que tentava correr atrás da aeronave, mas a dor insuportável do ferimento do ombro o impedia.Ainda tonto com a confusão, Caio esforçava-se a parar o avião. Nasser tentou alcançar o amigo atrapalhado, mas a asa do biplano bateu na sua cabeça, e o deixou desacordado na pista.

Caio arriscou dirigir o aparelho e com grande esforço conseguiu desviar-se dos animais, das carroças, das pessoas, das tendas. Olhou para trás e ficou surpreso. O beduíno o perseguia montado numa moto e fazia sinais agitados com a mão. Parecia que estava avisando sobre alguma coisa. Caio voltou a olhar para frente. Seu susto cresceu. O avião o levara para os fundos de uma casa, para cima de um varal com roupas estendidas e, num relance, ficaram penduradas nas asas do biplano e cobrindo os olhos do apavorado. Quando Caio, finalmente, tirou os panos, viu que estava prestes a passar por cima de uma criança e no desespero puxou a alavanca de comando para trás. O avião içou voo e, no último momento, as rodas só causaram um leve sopro sobre os cabelos da pequena vítima. Nem conseguia acreditar na sua sorte, sentia o coração acelerado, as mãos abaladas vibravam. Só depois de passar a emoção tomou consciência de que estava voando sozinho. O avião sacudia e ele, segurando o fôlego, fazia tentativas e mais tentativas a fim de dominar aquele aparelho. Sua aflição subia e descia ao pavor de cada balanço das asas. Por fim, conseguiu nivelar o avião e o voo desgovernado finalmente deu uma trégua. Ajeitou seu boné e se pôs a apreciar a viagem sem rumo. Lá de cima, as pessoas foram se tornando minúsculas e o céu sereno o guiava para um imenso vazio. Aquele momento era único. Nem dava para pensar em mais nada, muito menos em como faria para pousar. Queria aproveitar e mergulhar de cabeça naquela nova sensação, mas a diversão durou pouco. Diante dele, algo estranho ocorria. Extensas nuvens alaranjadas, soltando faíscas esverdeadas, foram se aglomerando e o avião estava se dirigindo para o núcleo do bizarro fenômeno. Rompeu um tremendo clarão. O tempo foi mudando e o céu foi tomado por um denso brilho roxo. Explosões solares provocavam uma intensa atividade magnética, fazendo a bússola de a nave girar loucamente. O abalo temporal persistia. Era dia, era noite, não havia jeito de saber. Caio mirava para o céu que agora estava esverdeado, minado por raios azulados. A cada segundo que mantinha sua indecisão de para onde ir com a aeronave, a turbulência aumentava. De repente, uma escuridão pontilhada por estrelas alaranjadas foi dominando de vez o espaço. Os infinitos pontos cintilantes pareciam que iam se chocar contra o novato piloto, mas no último segundo desviavam deixando apenas um rastro branco. Os clarões persistiam e tudo ao seu redor rodopiava como se ele estivesse no centro de um furacão. Tudo parecia fadado a destruição.

Durante o perigo iminente, Caio começou a sentir que algo estava lhe acontecendo. Seu corpo se contorcia, sua respiração acelerava e os olhos doíam, quase o impedindo de abri-los. Algo estava provocando um terrível efeito e ele nada podia fazer para controlar. Estarrecido, ficou a reparar em si mesmo. Seu corpo foi encolhendo, seus pés foram se transformando em patas curtas e grossas. Dos dedos dos pés cresciam garras afiadas e negras. Os braços involuntariamente se erguiam e desenvolveram longas asas. Na pele nasciam penas acinzentadas e de sua boca brotava um bico arqueado. A visão ficou mais aguçada e agora só enxergava em preto e branco. Seus gritos foram tomados por grunhidos fortes e ameaçadores. Num impulso selvagem, se levantou, saltou do avião e mergulhou sem receio na forma de um falcão. Durante seu voo cortante, Caio embrenhava-se num mundo novo. Manobrava com rapidez e com enorme destreza. Suas asas deslizavam naquele espaço revolto. Seu novo instinto de rapina o conduzia por entre uma chuva de luzes. Quanto mais se infiltrava naquela viagem alucinante, mais raios esverdeados atravessavam seu corpo. Relâmpagos rasgavam o espaço sinistro com violência. Os raios variavam de um tom esverdeado para avermelhado e, mais adiante, predominou um alaranjado. A turbulência amainava e de suas profundezas emergia uma luz forte que mostrava se tratar de uma explosão, como se estivesse presenciando o nascimento de uma estrela. Uma nebulosa surgia numa forma espiral azulada que aos poucos esvanecia e em seu lugar aparecia uma nuvem fina vermelha e tomava a forma de uma serpente em posição de ataque. O grande réptil se transformava em um humano com a cabeça de um falcão empunhando uma lança. A lança atingiu o céu enegrecido e de súbito surgiu a imagem de uma tempestade num mar revolto. As ondas ameaçadoras trouxeram nas suas costas um barco polvilhado por escravos remando sem cessar. A pequena embarcação irradiava uma luz sobrenatural. Tudo aparecia e desaparecia, deixando apenas um piscar de sua presença. Gradualmente, as cenas foram sumindo e, de um momento para outro, Caio foi diminuindo sua velocidade. Enfim, pousou num estranho lugar parecido com uma gigantesca bolha prateada e sua forma humana reapareceu. A bolha, retorcendo e esticando, assemelhava-se a um túnel agora. Caio, apreensivo, deu um passo. Tentou tocar nas paredes prateadas, mas sua mão atravessava como se nada existisse ali. Engoliu em seco, deu outro passo no chão firme e andou em direção a uma luz. Uma voz o envolveu.

– Chegaste afinal, Viajante.

– Viajante, eu? – retrucou Caio. – Quem é você?

A bolha desapareceu e deu espaço para um salão de colunas coloridas, mas sem paredes ou janelas. O chão e o teto não existiam e só se viam estrelas, galáxias e supernovas para recepcionar o jovem visitante. Ao redor estavam presentes seres de formas estranhas com alguns tendo um corpo humano, mas com a cabeça na forma de um animal. Caio observava cada uma daquelas criaturas. Mal podia acreditar que diante dele estavam os deuses egípcios tais como retratados nas pinturas nas tumbas que tinha visto.

– Então – prosseguiu a voz tenebrosa. – Não vai nos saldar, mortal?

Caio, mesmo apreensivo, ousou mexer-se e conseguiu descobrir a quem pertencia a voz tão ameaçadora: era de um ser com o corpo de um homem de pele morena com a cabeça de chacal que estava se materializando naquele momento.

– Dê-lhe tempo, caro Anúbis!

Foi o que ordenou a voz de outro ser atrás de Caio, encoberto por uma nuvem esverdeada. A nuvem foi se dissipando e despontou um homem vestido tal como a imagem do deus Osíris no mural da tumba de Tutancâmon. O ser enigmático estava sentado num trono segurando os cetros, símbolos da realeza do Egito. Em cada lado do trono posicionavam-se uma mulher. Uma delas vestia-se de branco e a outra jovem usava uma pluma de avestruz na cabeça. As duas eram exatamente como as deusas Ísis e Maât, retratadas na tumba do rei Seti I.

Caio deteve sua atenção para o centro da sala, onde Anúbis, agora, estava acompanhado por um ser com a cabeça do pássaro sagrado íbis, certamente era o deus da escrita, Thoth. Ao lado de Anúbis estava outro deus com a cabeça de um falcão, o filho de Osíris e Ísis, o jovem Hórus.

– Você me pede tempo? – reagiu Anúbis, retornando à discussão com Osíris. – Por nós, deuses! Você quer que forneça tempo a esta maldita alma criminosa?

– Acalme-se! – pediu Maât. – Ele ainda não foi julgado e muito menos considerado culpado. Não foi para isso que o trouxemos aqui? Para lhe darmos o veredito final?

– Haj! – gritou uma voz suave vinda do fundo da sala. Um vulto no fundo do salão aproximou-se e Caio reconheceu.

– Samira!

– Haj – ela correu e o abraçou. – Que bom ver você.

– Mas o que você está fazendo aqui, Samira?

– Ela é vítima de seu erro – Anúbis apontou o dedo acusador para Caio.

–Que inferno! Do que vocês estão me acusando?

– Para mim não há necessidade de julgamento algum. – Anúbis ignorava o rapaz e voltava-se para os companheiros divinos. – Está mais do que evidente: ele é culpado. Ammut! Onde você está? Apareça!

Passos pesados ecoavam pelo salão. Da escuridão surgiu uma mandíbula de dentes ameaçadores. Um monstro com cabeça de crocodilo, corpo de leão e a traseira de hipopótamo caminhou até os dois humanos. Samira, aterrorizada, refugiou-se atrás de Caio.

– Mas que diabo é esse bicho? – Caio olhava de baixo pra cima a criatura.

– Esse é Ammut, é o deus devorador. – Anúbis estava visivelmente orgulhoso. – Nenhuma alma impura escapa de sua fúria.

– Devorador, é! E pra que serve essa traseira? É pra esmagar o pobre coitado?

– Que blasfêmia! Como tem a audácia de proferir tal sacrilégio?

– E você acha mesmo que vou ter medo dessa coisa ridícula?

– Cale-se! – Anúbis aproximou-se de Caio e o encarou. – Você não permanecerá tão ousado depois que Ammut extirpar sua essência.

– Por favor, Haj! – implorou a jovem, apertando as mãos medrosas nos ombros de Caio. – Não o provoque!

– Está tudo bem, Samira. – Caio segurou firme a mão da amiga. – Esse bicho não me mete medo.

– Chega! Estou farto desse maldito Viajante. Ammut, já está pronto para engolir sua vítima? – a enigmática criatura não ocultava sua satisfação por devorar mais uma alma.

Anúbis, sem esperar uma resposta, adiantou-se e dirigiu-se a Thoth que agora se transformara num babuíno e se mantinha concentrado, escrevendo numa tabuinha de madeira, sentado no topo de uma balança dourada com dois pratos.

– E então, posso dar início à punição?

– Anúbis! – todos da sala se voltaram para a imagem de Osíris. Anúbis fitou o líder como uma expressão desafiadora. – Você está aqui para seguir o que lhe foi ordenado. Fará o julgamento e acatará a decisão final.

– Ele é culpado! – reafirmou o deus chacal.

– Culpado, eu? – interrompeu Caio. – Afinal, o que está acontecendo? Por que estou aqui? O que foi que eu fiz?

– O que você fez? – enraiveceu-se Anúbis. – Que absurdo. Por acaso pretende alegar inocência?

– O que acham de, ao invés de puni-lo usando Ammut, nós fizéssemos algo mais nefasto? – Thoth sorria com malícia.

– Qual é a sua ideia, meu amigo – interessou-se o chacal.

– O que acha de fazê-lo perder o poder da escrita?

– E isso seria pior? – Caio afastou Samira que implorava para que ele parasse de provocar os deuses.

– O poder da escrita perpetua a verdade e o conhecimento. Sem esse poder, tudo o que ele sabe se perderá e será levado pelas névoas do esquecimento. Tudo o que é dito e não é escrito, aos poucos, se torna lenda e o homem cai na descrença, cai na cruel solidão.

– Creio que você é um ingênuo – argumentou Anúbis. – Há líderes que amam tanto o poder que são capazes de enevoar os seus pecados e faltas, especialmente a falta de conhecimentos.

– Estes falsos líderes que só destroem? – riu o babuíno. – Ah, mas é exatamente por isso que os homens precisam tanto do verdadeiro conhecimento. Só assim eles deixarão de sofrer nas mãos de usurpadores. Só com o puro conhecimento os homens podem dar valor à vida e adquirirem o maior poder de todos: o poder de amar. – Thoth e os outros refletiam sobre a questão, enquanto Anúbis evocava a todos.

– Escutem o que digo: esse mortal colocou tudo que protegemos em perigo. Precisamos ser mais severos no castigo.

– Mas o que foi que eu fiz? – insistiu confuso, segurando forte a mão da jovem inquieta. – E por que Samira está aqui?

– Você alterou a linha do tempo – gritou Anúbis. – Foi isso que você fez!

– O quê? Mas como?

– Você mudou a história, Viajante! Quando mudou a linha do tempo, além de destruir a tumba, provocou o tiroteio que deu fim a essa preciosa vida. Por sua culpa a Bela Mortal vai se juntar mais cedo aos seus ancestrais.

– Mudei o tempo! Que loucura é essa?

– Você causou a ruptura do tempo – elucidou Ísis, mais próxima de Caio. – O passado foi alterado por causa da sua intromissão desastrosa, Viajante do Tempo.

– Como? – Caio olhava para todos aqueles seres de expressão fria ao seu redor. – Eu sou um viajante do tempo? Mudei o passado? Que isso! Não pode ser.

– Ah, não poderia, mas você fez! – interveio Anúbis.

– Eu não posso ser viajante do tempo.

– Então como você explica suas lembranças com o faraó divino, Ramsés II e sobre o mortal, o conquistador Napoleão Bonaparte?

– Como você sabe disso?

– Ora somos deuses, não? – respondeu o chacal em tom arrogante.

– Vocês são deuses. Se são deuses, então me diga: qual é o meu nome? De onde eu vim?

– Basta! – exigiu Anúbis com os braços agitados. – Não me interessa nada disso. A única coisa que importa é: Você, Viajante, não tomou a maldita decisão de ir com aqueles ladrões e saquear a tumba? Você não é culpado pelo grave sacrilégio de destruir a tumba?

– A tumba? Mas... eu, eu não sei de nada.

– Cale-se, Viajante! Seu blasfemador! Tomastes aquela decisão e tu mudastes a linha do tempo. Destruiu a tumba. Você aniquilou nosso conhecimento, nossas lembranças, nosso valioso passado.

– Aquela tumba estava praticamente intacta, carregada com dádivas de nossos antepassados – interferiu Hórus com um aspecto desamparado. – Estava destinada a ser ressuscitada por um ser iluminado pela obstinação. Por causa de sua brutal intromissão, Viajante, os mortais deixaram de conhecer sobre Tutancâmon e todos os objetos que continham a nossa valiosa história.

– Tudo destruído. – Anúbis parecia mais enfurecido. – Um homem que destrói o passado, não sentencia apenas a si à ignorância, mas sentencia também a humanidade ao atraso à evolução.

– Que loucura – disse Caio, descrente. – Por que logo eu? Por que eu me meto em tanta confusão?

Nesse momento da discussão Osíris levantou-se e falou:

– Você esteve lá como os outros, para roubar apenas ouro, mas acabou surrupiando algo muito mais valioso, a nossa história. Com sua interferência o tempo foi abalado. Agora o passado e o futuro estão em conflito. As asas do destino não nos levam mais a lugar algum.

– A ambição dos homens sempre esbarra nos poderes divinos – compactuou Maât. – Assim como o dia necessita da noite para perpetuar a vida, o futuro necessita do passado para iluminar o homem. Tudo estará perdido se nosso passado for enterrado. Tudo será em vão sem as lembranças. Nossos conhecimentos não poderão mais alimentar a criatividade.

– Alimentar a criatividade? – perguntou Caio. – Como assim?

– É observando e experimentando que o homem vai aprendendo e criando novas ideias – elucidou Ísis. – Os herdeiros da terra terão chance de criar mais e mais, se continuarem de onde os ancestrais pararam. Para se evoluir deve-se seguir a partir dos passos deixados nas areias escorridas do tempo. É assim que caminha a humanidade.

– É assim que conquistamos as estrelas – revelou Osíris com a cabeça erguida. – É assim que alcançamos os próximos sonhos. Sem a imaginação, o homem não andará mais, nem tampouco a mente poderá voar e o tempo de nada mais servirá.

– Se isso acontecer, Viajante – emendou Anúbis. –, nós exigiremos a coisa que você tem de mais preciosa.

– O quê?

– Haj! –Samira abraçou Caio com força. – Eles querem sua vida. Eles vão te matar.

Anúbis deu uma risada e continuou.

– Apossar da alma desse Viajante? – Anúbis reparava em Ammut deitada aos seus pés. – Agora, isso não me basta.

– Matar não nos interessa – disse Hórus –, mas matar as lembranças do Viajante, isso sim é a verdadeira morte de um ser. Afinal, se sempre esquecer todos os dias que já viveu de que servirá o amanhã?

– Vocês querem acabar com minha memória? – disse Caio rindo. – Mas como! Eu já não sei de mais nada mesmo. Nem sei quem sou!

– Ele tem razão – concordou a deusa da justiça. – A pior morte não é você perder sua memória. A pior morte é ser plenamente esquecido por todos. É o seu nome jamais ser evocado novamente, Viajante.

– Isso não! Não acredito que estou nesse pesadelo. Tem que haver um jeito de acabar com toda essa confusão. Se eu sou um viajante do tempo, eu não posso voltar no tempo e consertar tudo isso?

– E deixarmos você piorar a situação? – debochou Anúbis. – Nós somos deuses, não loucos.

Silêncio. Era tudo que restava naquele momento. As fisionomias enraivecidas daqueles seres mitológicos canalizavam-se nos movimentos tensos de Caio. A sensação de que podiam estar ouvindo seu coração agitado, ou pior, que podiam até estar lendo seus pensamentos deixava-o vulnerável.

– Acho que devemos retornar ao nosso plano original. – todos se voltaram para a figura de Ísis no centro do salão. – Poderemos reaver a linha do tempo e tudo mais que deve ser corrigido se o Viajante aceitar ser julgado pelo seu desempenho nos desafios que lhe impusermos. – os deuses murmuravam entre si. Osíris ergueu os braços, exigindo a atenção de todos. – Definitivamente essa é a melhor sugestão. – o deus dos mortos se levantou do trono e se aproximou de Caio. – E então, Viajante, acatará a decisão final do julgamento?

Caio encarou a figura sinistra da devoradora de almas que tinha um aspecto de total frieza e depois observou Samira que tinha as mãos trêmulas, próximas aos lábios. Sem mais dúvida, virou-se para o grande deus.

– Eu aceito.

– Que assim seja – declarou Osíris, erguendo os braços. – Concederemos a você e a Bela Mortal o voto da dúvida. – o deus fixou-se na figura ansiosa de Caio. – Seu julgamento terá início agora.

Capítulo 18

Ísis, na companhia da deusa Maât, que estava próxima de Caio e Samira, deu início aos preparativos.

– Está aberta a sessão. Mortais, queiram se colocar diante de minha presença para o esclarecimento dos desafios. – Caio e Samira foram caminhando de mãos dadas, enfrentando as sanguinárias fisionomias de todos aqueles deuses que pareciam estar a favor de Anúbis. Ísis, com seu aspecto benevolente, esperou que os dois desafiados se posicionassem e discursou:

– Viajante! Você deverá passar por três desafios propostos pelos deuses em forma de enigmas. A cada desafio vencido, o Viajante obterá uma grande conquista. Se vencer o primeiro desafio, a memória do Viajante será revivida. No segundo desafio, a vitória fará com que a linha do tempo retorne ao seu percurso anterior à brutal intromissão do Viajante, quando conheceu o bando da mortal conhecida como Mila Kingston. No terceiro e último desafio...

– No último desafio – completou Maât. –, será concedido o direito a regressar ao mundo dos vivos àquele mortal que conseguir solucionar o enigma.

– Espera aí – cortou Caio. – E quanto a Samira? Ela não pode me ajudar?

– Sim, está certo. A Bela Mortal faz parte deste julgamento. Se ambos solucionarem o terceiro desafio, os dois poderão retornar às respectivas vidas.

– E se eu perder? – Caio engolia em seco. – O que vai acontecer?

Se perder? Se falhar em uma das tarefas, Viajante, você terá que arcar com consequências bem desastrosas.

Caio respirou fundo e tentou esconder a aflição, mas Samira notou e devolveu-lhe a confiança com um beijo doce nos lábios.

Sem mais demora, Ísis se posicionou no centro do salão e, gesticulando os braços, fez desaparecer um por um os deuses que estavam no recinto que foi se transformando numa vasta planície arenosa. Caio e Samira se mantiveram quietos se familiarizando com o novo local. A esposa de Osíris continuou com movimentos suaves e bastões finos dourados surgiram. Por fim, atraiu os dois desafiados para perto e tomou a palavra.

– Viajante e Bela Mortal, vocês estão diante de seu primeiro desafio. Vocês deverão descobrir um modo de formar quatro triângulos exatamente iguais usando estes seis bastões.

– Com seis bastões? – Caio pegou os bastões e tentou alinhá-los no chão para compor os triângulos, mas por mais que tentasse só conseguia montar dois triângulos. – Não dá! Não tem como fazer isso.

– Sugiro – disse a deusa de forma enérgica –, que antes de iniciar a primeira prova, de fazer qualquer impaciente tentativa, comece a controlar seus medos. Isso só fará com que a razão fique totalmente cega. – Caio, sem graça, se desculpou e a diva, então, deu um estalo com os dedos e nesse instante surgiu na sua mão direita uma vela vermelha com o desenho de um escaravelho na base. – Viajante, vocês deverão revelar a luz da solução dos três enigmas impostos antes que a chama desta vela se apague. – a divina andou até Samira e tocou delicadamente a cabeça da jovem tensa. – Lembre-se, Bela Mortal: a essência de uma pessoa não morre, enquanto alguém mantiver viva a chama da sua lembrança.

– Alguém se lembra de mim? Mas quem? Meu pai e minha mãe já morreram. Eu não tenho ninguém.

– Em tão pouco tempo já se esqueceu do seu amigo especial?

– Amigo especial! Quem?

Ísis deu um sorriso e continuou.

– Esqueceu o mortal de nome Nasser.

– Nasser!

– Nesse momento, minha jovem mortal, ele está sofrendo por sua morte terrestre. Você ainda não morreu definitivamente por ele manter ardendo o amor por você.

– Nasser me ama? Pensei que ele só gostasse de mim como amigo.

– Deixe estar, mortal. Agora pense apenas nos desafios. Se tiver sucesso certamente os deuses ajudarão nesse grande amor que surgirá entre vocês. – a divindade desapareceu numa nuvem de areia.

– E agora? – indagou Samira. – O que vamos fazer?

– É – murmurou Caio, revirando os bastões. – Eu não tenho a mínima ideia. Me desculpe, Samira. Eu sinto muito por você estar nessa enrascada. Eu jamais quis nenhum mal pra você, muito menos a sua morte.

– Ah, Haj. A gente não pode gastar o tempo que temos com lamentos. Eu não estou zangada com você. – Samira se ajoelhou e ficou a reparar nos bastões. – Eu só queria que meu pai estivesse aqui. Tenho certeza de que ele resolveria esse problema.

– Seu pai?

– Quando eu era criança eu ficava sempre perto do meu pai e ficava fascinada com a facilidade, com a calma que ele tinha pra resolver qualquer problema. Ele sabia contar pássaros, folhas de árvores... ele era tão rápido.

– Pelo jeito, ele tinha a mesma mania que Jamal tem de contar?

– Muito melhor! Ele chegava a contar um enxame voando, um bando de borboletas... as pessoas ficavam impressionadas com ele.

– Seu pai devia ser muito famoso.

– Era.

– Então como você foi parar no Vale dos Reis?

– Essa foi minha desgraça. Quando meus pais morreram, tive que ficar com os parentes da minha mãe e eu não me dava nada bem com eles. Acabei achando melhor fugir de casa. – Samira se ajoelhou e pegou alguns bastões, desfazendo um dos triângulos feitos por Caio. – Mas deixa isso pra lá. Estamos perdendo tempo.

– Esse problema tá bem difícil. Por mais que eu tente, só consigo montar dois triângulos. Ou os deuses estão debochando da gente ou então deve ter algum truque.

– Truque? – disse a garota, apoiando os bastões no chão. – Não acredito em truques. Meu pai sempre me dizia que um problema só é resolvido quando abrimos a mente e tentamos vê-lo de todos os ângulos.

– Falar é fácil. Acho que se continuar assim vou ter que dar adeus à minha memória.

– Não desista, Haj! – Samira falou com tanta raiva que os bastões que ela segurava se desequilibraram, deixando as pontas apoiadas ao chão. – Você não está nem se esforçando. Não quer sua memória de volta?

– Do jeito que estão as coisas eu nem sei mais. Às vezes fico pensando que esqueci tudo de propósito – Caio desandou a rir.

– O que foi?

– Tava pensando... imagine só, se eu já faço toda essa confusão sem memória, imagina se eu a tivesse.

– Não pense assim, Haj. Eu não acredito que você seja ruim.

– A única coisa que me deixa contente nessa história toda é saber que eu não era louco quando dizia que conhecia Ramsés, Alexandre, Napoleão... mas... o que estou dizendo? Saber que sou viajante do tempo também me deixa louco. Como é que eu me meti nisso?

– Só os deuses sabem?

– E agora, pra piorar, sou um viajante do tempo sem passado.

– Não fique assim, Haj. Quando ouvi os deuses falarem que era um viajante, eu comecei a entender por que eu achava você tão especial.

– Especial! – Caio deu um sorriso. – Você acha?

– Quero dizer diferente. – Samira desviou o rosto encabulado. – Afinal suas roupas e seu jeito eram tão esquisitos... Mas vamos deixar isso pra lá. E quanto ao problema, o que podemos fazer?

– Se pelo menos me batesse uma ideia.

Caio, desanimado, deitou-se ao lado do triângulo na areia. Por um breve instante, Samira apoiou os três bastões bem no centro do triângulo tentando juntar suas pontas que se mantinham afastadas uma da outra. Quando Caio visualizou aqueles bastões levantados sobre seu triângulo no chão algo o atingiu.

– Samira!

– O quê! – surpresa, a jovem se virou para trás quase deixando os bastões caírem. – O que houve?

– Não! Não se mexa. Fique nessa posição.

Caio posicionou-se perto da jovem e voltou a olhar de baixo para cima para aqueles bastões.

– Continue parada.

– Mas por quê?

Devagar, Caio foi ajeitando os bastões de modo que a ponta de cada um encostasse nos vértices do triângulo montado no chão. Os olhos de Caio foram se tornando mais vivos.

– É isso! – gritou Caio. – É isso, Samira. Olha!

– Mas olhar o quê?

– Não está vendo? Olha o que acabei de fazer!

– Mas o que você fez?

– Samira, deixa-me segurar os bastões. Agora se afaste um pouco e me diga o que está vendo.

– Pelos céus! – vibrou Samira ao olhar para os bastões armados. – Você fez uma pirâmide?

– Exato! Uma pirâmide de três lados.

– E com uma base... – Samira batia as palmas das mãos. – O seu triângulo no chão forma a base triangular da pirâmide!

– É isso! Com os seis bastões, formamos os quatro triângulos iguais.

– Você conseguiu! – Samira, empolgada, jogou-se nos braços de

Caio fazendo-o largar os bastões. – Que maravilha! Como é que você teve essa ideia?

– Deitado.

– Deitado?

– É. Deitado e olhando pra você, segurando os bastões. Foi aí que entendi que a gente só estava pensando em fazer triângulos no chão. Foi aí que pensei: se eu posso ficar de pé, por que então os triângulos também não podem?

– Que ideia. Acho que foi isso que meu pai quis dizer sobre ver os problemas em vários ângulos. Que bom que conseguiu! Agora os deuses terão que devolver sua memória, Haj.

– Haj, não. – Caio segurou os braços da jovem. – Meu nome é Caio. Caio Zip.

Uma intensa luz inundou toda a planície de areia, interrompendo a alegria dos dois. Do fundo do clarão, os jovens puderam ver a silhueta de um falcão voando de encontro aos dois mortais que, ao se aproximar, transformou-se no deus Hórus.

– Vocês tiveram êxito no primeiro desafio. Já está se lembrando de seu passado, Viajante?

– Você viu, Hórus? Nós ganhamos. E meu nome não é Viajante e nem Haj. Eu me chamo Caio Zip.

– Não fique tão confiante. Os próximos desafios irão exigir mais de vocês dois. Já estão prontos para prosseguir?

– Nem um pouco, mas a gente não tem outra escolha, não é?

– Claro que vocês têm – contestou Hórus com um sorriso malicioso. – Vocês podem desistir de tudo isso e enfrentar seu destino com Ammut.

– Não! – zangou-se Samira. – Vamos até o fim, não é Caio Zip?

– Que assim seja. Resolvam o enigma ou serão devorados por seus destinos.

O deus uniu as mãos e, fechando os olhos, fez surgir um pequeno cartucho longo de couro que flutuava diante dos dois desafiados. Caio apanhou o cartucho e logo o desenrolou.

– Aí está seu segundo desafio, mortal. Se vocês obtiverem êxito, a linha do tempo retornará a fluir normalmente, apagando por completo o momento em que você e o bando da mortal Mila se encontraram.

O deus retornou a sua forma de falcão e voou, mergulhando para dentrode um clarão. A vela acesa pairava no ar onde Hórus havia desaparecido. A intensa chama fazia com que a cera quente deslizasse sobre o corpo da vela como gotas de sangue, cobrindo quase que por completo o desenho do escaravelho na base. Enquanto Samira mordia os lábios, ao reparar o quanto a vela já havia derretido desde a primeira vez que a tinha visto nas mãos da deusa, Caio tirava um pergaminho de dentro do cartucho.

Para obter a linha do tempo deve fazê-la retomar o seu curso. O passado deve se ligar ao futuro formando o círculo da vida.
O círculo é a figura mais perfeita. Não possui início nem tampouco fim.
Podemos até cortá-lo ao meio que, qualquer que seja o tamanho desse círculo da vida, sua linha do tempo dividida por esse corte sempre dará igual valor.
Uma letra tem o seu valor. Todas as palavras da frase também têm seu valor: "Sou o medo e temor constante do garoto vadio que nunca desperta." Decifra meu infinito valor!

Capítulo 19

– Mas que enigma mais complicado! – disse Caio. – Que história é esta de círculo da vida... de linha do tempo... o que tudo isso tem a ver com a frase sobre garoto vadio?

–Meu pai gostava muito de enigmas. Eu ficava tão confusa, quando ele cismava de passar pra mim, mas depois de tantos desafios, acabei aprendendo que só se resolve um enigma se você dividí-lo em partes.

– É, pode ser. Mas de uma coisa eu sei: se o desafio fosse para descobrir quem é o temor constante do garoto vadio, aí eu já tinha decifrado isso aqui.

– E quem você acha que é?

– Quem mais? Só pode ser o bicho da matemática. Disso eu tenho certeza.

– Bom, se é assim, creio que a resposta desse enigma tem tudo a ver com matemática. – concluiu Samira.

– Tava demorando. Pra variar, tinha que ter esse bicho chato.

– Então o que estamos esperando? Como Hórus disse: temos que pôr a linha do tempo no seu curso ou enfrentar aquele outro bicho, Ammut.

– Então vamos ver o que diz aqui. – Caio concentrou-se na leitura em voz alta. – *O passado deve ligar-se ao futuro formando o círculo da vida.*

– Essa primeira parte do enigma só me parece poético.

–Lembra que Hórus disse algo sobre a linha do tempo no seu curso normal não tem início e nem fim? Essa primeira parte do texto parece indicar que a resposta está relacionada com a figura do círculo.

– Aqui diz que: *podemos até partir ao meio que, qualquer que seja tamanho desse círculo da vida, sua linha do tempo dividida por esse corte sempre dará igual valor.* – Samira começou a rabiscar o chão de areia. – Essa parte é complicada. Como a linha do tempo cortada ao meio vai ter um valor igual ao que era antes?

Enquanto Caio desenhava na areia um círculo, veio a lembrança de um homem calvo no deserto, fincando um longo bastão na areia e na extremidade amarrou uma corda. O homem que estava a lembrar com dificuldade prendia um prego na outra ponta da corda a mantinha esticada, deslizando o prego desenhou na areia um grande círculo. Caio desenhou uma linha, imitando a corda esticada da vaga lembrança. Teve a ideia de prolongar aquela linha até que a linha cortasse o círculo ao meio.

– É isso! Não é pra gente cortar a linha ao meio. O que temos que fazer é cortar o círculo ao meio.

– E não era o que eu estava fazendo?

– Claro que não. Olha só! – Caio desenhou mais uma vez. – A linha do tempo representa o que chamamos de comprimento da circunferência a parte de dentro dessa circunferência é chamada de círculo. O corte que temos que fazer não é na linha e sim no círculo.

– Então – deduziu Samira, olhando para o desenho. – se é assim, o que estamos querendo é o diâmetro do círculo.

– É isso ai! A linha que forma essa circunferência quando dividimos por esse corte, ou seja, por esse diâmetro dará um valor... bom, eu acho... eu me lembro que esse valor era... era. Droga, não me lembro. É um valor que não acabava mais. Só sei que os gregos deram o nome de Pi.

– O que significa Pi?

– Pi é uma letra grega.

– Letra! – reagiu Samira ao ver a luz da chama da vela reviver. – Letra com valor?

– Uma letra tem seu valor. Todas as palavras dessa frase também têm seu valor. – repetiu Caio. – Pi é a letra com valor! É isso!

– Mas e o resto? Cada palavra tem o seu valor... que valor é esse? Um valor como Pi?

– Letras, valor... cada palavra tem o seu valor... – Caio se fixava na vela com as gotas caindo mais rápido.

As imagens de Jamal contando as gotas de água no bule de café surgiram juntas com a fala do beduíno: "O tempo flui, meu jovem. Exatamente como as gotas que caem do coador. Basta apenas observar e contar."

A imagem foi sobreposta pela imagem do amigo Carter Lendo alguns papéis onde recitava um poema. Caio se fixou no detalhe da lembrança quando os dedos do cientista deslizavam por uma letra à outra de cada verso e anotava os resultados num caderno ao lado.

– Ele estava contando as letras.

– Ele? Ele quem?

– De Carter. Ele estava checando quantas letras tinha em cada verso. Do mesmo jeito que Jamal contou as letras para saber os segundos que faltavam pra pólvora explodir...

– Pólvora? Explodir o quê?

– Contar as letras! É isso! Todas as palavras têm o seu valor. Todas as palavras... Aa gente tem que contar as letras de cada palavra.

– Será?

– Tem que ser – insistiu Caio. – Como era mesmo a frase no pergaminho?

– *"Sou o medo e temor constante do garoto vadio que nunca desperta."*

Então vamos ver: *sou* tem três letras, *o* tem uma; *medo* tem quatro letras; *e* tem uma; *temor* tem cinco; *constante* tem nove; *do* tem duas...

– Agora, temos que somar esses valores? 3+ 1 + 4 + 1 +5 + 9 + 2...

– Espera aí, Samira! Repita esses primeiros números de novo.

– 3 , 1, 4 , 1 ,5...

– Samira não está vendo? 3, 1, e 4 formam o valor de Pi que é 3,14 e mais outros dígitos.

– Então, a gente não tem que somar?

– Somar, não. – Caio estava cada vez mais agitado. – A gente tem que juntar. Samira, conte cada o número de letras de cada palavra.

– 3, 1 ,4, 1, 5, 9, 2, 6, 5, 3, 5, e 8

– Olha só! Esses números quando colocados juntos formam o valor de Pi. A frase tem o mesmo valor que a letra Pi.

– Só que o valor da frase é mais exato, não é isso?

– É isso aí! Pi vale 3,14 159 265 358...

– Que maravilha!

– Demais! – Caio bateu na palma da mão da parceira sorridente. – Conseguimos, Samira!

Os dois empolgados ainda comemoravam quando um barulho lhes chamou a atenção. De sobressalto os dois se voltaram para a chama da vela que soltava faíscas e até a luz desaparecer.

– Caio, onde você está?

– Estou aqui.

Samira, trêmula, tentava escapar daquela imensidão de trevas em que haviam mergulhado, agarrando firmemente a mão de Caio.

Surgiu um homem, segurando uma tocha, cujo rosto estava oculto pelas sombras. Ele trajava uma roupa semelhante aos nobres da época do Egito Antigo, nos ombros repousava uma pele de leopardo e na cabeça ostentava uma coroa azul.

Houve um clarão e Caio e Samira viajaram no tempo. Os dois pousaram num quarto na penumbra da noite. Pequenas lamparinas revelavam uma decoração, na qual se podia imaginar que se tratava de um quarto num palácio da época dos faraós. Num leito estreito de madeira, estava deitado um rapaz moreno de cabeça raspada. O homem da visão anterior surgiu novamente, usando uma túnica longa e sandálias douradas. Andou até o leito, atravessando os corpos dos dois viajantes como se eles fossem apenas fantasmas. Com zelo, observava o rapaz semi-inconsciente de respiração ofegante. Com cuidadoos dedos de toque paternal deslizaram na face inocente encharcada por um suor febril. Foi num mórbido silêncio que o homem ergueu aquela cabeça desprotegida do enfermo, apoiada num encosto em forma de arco feito de alabastro. A respiração agitada parecia estar a suplicar por ajuda e num último golfar, calou-se. A fisionomia do homem tornou-se fria, as mãos, que antes acariciavam, cerraram os olhos sem vida e, como último ato, jogou abruptamente a cabeça contra o duro encosto. O braço do falecido escorregou do peito nu e indefeso. Samira colocou as mãos sobre os lábios, retendo o grito ao ver um filete, uma última lágrima do adormecido se despedindo da vida na Terra. A tristeza da garota aumentou ao examinar o morto, afinal era horrível ver aquela infecção que tinha se alastrado de forma tão avassaladora sobre a perna. As mãos limpas do homem ficaram petrificadas, com os dedos afastados e curvados como garras em posição de ataque. No auge do furor uma faísca de arrependimento apossou-se dos olhos, mas só durou um breve piscar. Suavemente as mãos impiedosas foram se acalmando e percorreram carinhosamente os traços da face submersa num sono eterno. Cortinas, açoitadas pelo vento forte da noite, faziam com que o homem fosse assombrado pelo medo das consequências do seu ato. A fria corrente de ar atravessava o aposento, ecoando um leve assobio, sussurrando um mau presságio que vinha tarde demais para o recém-falecido. Sombras deformadas, projetadas pela tênue chama de uma das lamparinas, provocavam imagens mórbidas e, para a mente daquele homem, tomaram formas sinistras, de verdadeiras criaturas das trevas, que estavam a fitá-lo, recriminando-o pela traição. Passos ao longe, em marcha, alertaram o homem. Com uma expressão de puro sangue-frio mesclada um ar de triunfo, o homem abandonou o recinto sem pressa. O último vestígio de luz daquele recinto foi se apagando e o rosto sem vida foi sendo ocultado pelas trevas. Antes do fim da trágica cena, Caio reparou no leito de morte: os detalhes do leito eram iguais ao leito que ele encontrou no interior da tumba de Tutancâmon, na qual Nasser se deitara. Caio, mais atento, percebeu que a fisionomia de olhos cerrados do jovem assassinado assemelhava-se às feições da cabeça de madeira de Tutancâmon. Tudo ao redor desapareceu e Samira e Caio viram-se novamente diante dos deuses.

– O que foi tudo aquilo?

– Acalme-se Bela Mortal – exigiu Osíris, erguendo a mão. – Vocês assistiram a um crime que foi cometido por um homem ambicioso que detinha um cargo de confiança e que traiu o nosso estimado faraó menino. Essa vil traição foi realizada por um homem que teve como punição o nome carregado pelas asas do esquecimento.

– Tá falando de Ay?

– O quê? Como você sabe o nome dele?

– O nome dele foi revelado duas vezes: os amigos de Carter me contaram que um professor encontrou um anel com a gravação dos nomes Anchesenamon e Ay e isso provava que ele tinha se casado com Anchesenamon; na tumba do sucessor de Tutancâmon encontraram um único cartucho gravado na parede com o nome "Ay".

– Como isso aconteceu? – Osíris olhou com raiva para o deus da escrita que se ajoelhou e implorou:

– Perdoe-me! Perdoe-me! Eu não sei como isso ocorreu.

– Como deixamos que essas peças caíram na mão dos mortais? Pensei que depois do faraó Amenhotep IV nós tínhamos total controle sobre os mortais.

– Como esse faraó conseguiu tirar o controle de deuses? – indagou Caio, que buscava algo resposta na fisionomia de Samira. A garota só ergueu os ombros.

– Aquele reles mortal – Anúbis interrompeu com ira. – Como ousou pensar que poderia acabar conosco!

– O que o faraó fez? – ousou Samira a questionar.

– Aquele herege teve a audácia de declarar Aton como deus supremo, tornou Aton uma divindade única e universal e proibiu que o povo continuasse a nos adorar. Ele até chegou a mudar o próprio nome para Aquenáton e deu o nome aos filhos de Tutancaton e de Anchesenaton, filha da rainha Nefertiti.

– Mas o nome não é Tutancâmon e Anchesenamon?

Ísis tomou a palavra e explicou:

– O faraó era só uma criança a florar nos seus oito anos mortais quando o vizir alterou o nome do casal real e fez o povo retornar o culto aos deuses.

– Aquele vizir traidor – recordou Osíris. – Deixou o faraó morrer e tomou o reino.

– Nunca deveríamos ter deixado ele se tornar faraó, pai. – Hórus se colocava diante de Osíris. – Quando Ay preparou a armadilha, nós deveríamos ter feito algo para impedir. – Hórus silenciou, enquanto os deuses ao redor de Osíris murmuravam.

– Que armadilha? – interessou-se Caio. Com um gesto de mão, Hórus pediu silêncio e prosseguiu:

– O mortal Ay compôs uma carta para o rei hitita como se tivesse sido escrita por Anchesenamon e nela pedia um filho do rei hitita para se tomá-lo como marido e novo faraó. Logo após enviar a carta, Ay fez Horemheb saber sobre a proposta na carta através de um servo. Era fácil prever que Horemheb não permitiria que a rainha se casasse com um príncipe de um inimigo. Era fácil ver que a armadilha de Ay daria certo: Horemheb marchou uma longa distância para interceptar o hitita príncipe e Ay aproveitou o momento para casar com Anchesenamon e ser coroado como faraó.

– Que amaldiçoado seja Ay! – disse Anúbis. – Como se não bastasse toda essa ardilosa trama, Ay fez as preces para nós deuses, quando sepultava Tutancâmon na tumba, e dias depois retirou a múmia e os pertences de Tutancâmon e os colocou naquela desgraça de tumba que estava destinada a ele, um mero vizir que não tinha sangue da realeza.

– Mas no final, o vizir traidor não reinou bastante. Além do mais a tumba real que ele usurpou de Tutancâmon foi saqueada e a múmia do traidor foi destruída. Tudo isso graças ao meu filho Hórus que foi sábio em escolher Horemheb. – Osíris sorria para Hórus que retribuiu, curvando-se ao pai. – O novo faraó mostrou ser uma ótima escolha ao fazer todo Egito voltar a nos idolatrar novamente e levar o nome do traidor vizir ao esquecimento.

– Não totalmente – recordou Caio.

– Nada escapa da ira da justiça dos deuses. O traidor já sofreu a sentença final, não é Ammut? – Osíris acariciava o animal devorador de almas que lambia a boca ao encarar Caio. –Por hora, trataremos dos cúmplices do traidor – quando disse aquela última frase, o julgador dos mortos fez um sinal com a mão, orientando Maât a gerar uma nuvem dourada de onde surgiram seis homens usando apenas túnicas curtas e clara se sandálias de couro.

– Mortais – prosseguiu Osíris, dirigindo-se a Caio e Samira –, vocês estão diante de seis servos. Desses servos, três são seguidores do meu filho, o deus Hórus, e os outros três são do meu irmão traidor, o deus Seth. Sabemos que os seguidores do meu irmão maligno são culpados por facilitarem a morte do jovem faraó. Queremos que estes cúmplices sejam severamente punidos com a pior das mortes: o esquecimento de sua existência na história dos mortais. Este será o terceiro desafio. Vocês terão que descobrir quem são os de Hórus e os que pertencem a Seth.

– E como vamos descobrir isso? – indagou Caio. – Vocês não podem nos dar uma pista?

– O que podemos adiantar a vocês – interveio a deusa Maât. – é que os três servos do filho de Osíris sempre dizem a verdade, mas os outros de Seth só dizem mentiras. Para isto, poderão interrogar três dos seis criados presentes. Não será permitido fazer mais de uma pergunta ao mesmo criado. No final, deverão apresentar os culpados. Entretanto, só aceitaremos a solução desse desafio com uma justificativa lógica.

– Que comece o último ato deste julgamento na *Sala da Duas Verdades* – ordenou o deus dos mortos.

Os dois desafiados se reuniram e Caio se pôs logo a discutir.

– Temos que fazer uma pergunta tem que ser bem especial, mas que pergunta a gente poderia fazer que possa nos dar a certeza de que o servo estará falando a verdade ou a mentira? Será que se a gente...

Samira parecia pensativa sem prestar atenção nas ideias de Caio. Pouco tempo depois, ela se dirigiu ao primeiro servo e começou a interrogá-lo.

– A quem você serve?

– Samira o que você está fazendo? – desesperou-se o rapaz. – Mas o que é isso? Que pergunta é essa?

– Já fiz a pergunta agora quero a resposta – exigiu Samira, olhando para o servo.

O servo respondeu, mas nem Caio e Samira entenderam a resposta.

– Que língua foi essa que ele falou? – perguntou Caio preocupado.

– A língua de um servo divino, o que mais poderia ser? – respondeu Anúbis, sorrindo.

– Essa não! Como a gente vai entender a resposta?

– Ninguém especificou como deveria ser dada a resposta.

– Isso é trapaça! Essa pergunta não valeu. Quero fazer outra.

– Isso não será possível – contrariou Osíris. – Ao início do desafio não é permitido nem aos deuses alterar as regras.

– Mas como vamos entender a resposta?– indagou Samira – Desse modo, não tem como nós entendermos.

– Sobre esse empecilho, cara mortal, não se preocupe. Ordeno que as próximas respostas sejam proferidas de forma clara.

– Que droga! – reclamou Caio.– Perdemos uma pergunta. Agora é que estamos na pior.

– Fique calmo, Caio – pediu Samira com simpatia. –, tenha fé. Estamos indo bem.

– Bem mal você quer dizer.

– E então, Bela Mortal, quer continuar com as perguntas aos servos? – Anúbis ostentava uma aprência vitoriosa.

Samira, erguendo os olhos e encarando com calma o deus chacal, aproximou-se do segundo servo. Caio tentou impedi-la, mas a jovem logo soltou sua segunda pergunta:

– Servo, qual foi a resposta que o primeiro servo deu?

– Ele disse que servia a Seth.

– Samira, o que deu em você? – interferiu Caio agitadíssimo. – Você nem me esperou! Tá gastando outra pergunta.

– Calma.

– Calma, nada! Do que adianta essa pergunta? Como vamos saber se esse segundo aí está dizendo a verdade?

– Querem desistir? – Anúbis não disfarçava sua satisfação.

– Não! – respondeu Samira com voz firme. – Estou indo bem.

– Como pode dizer isso? – gritou Caio. – Você está estragando tudo de propósito?

– Claro que não. Mais do que nunca eu quero retornar a vida. Confie em mim. Só falta mais uma pra gente se livrar. Por favor, confie.

Caio tentou argumentar, mas algo na expressão de Samira o convenceu a se calar. A jovem, sem esperar mais, aproximou-se do terceiro servo e fez a última pergunta.

– Diga: a quem pertence cada um de vocês?

– O primeiro pertence a Seth, o segundo pertence a Hórus, eu pertenço a Hórus, o quarto pertence a Seth, o quinto a Seth e o último pertence a Hórus.

– Pronto! Agora estamos fritos. De novo: como você sabe que ele está falando a verdade?

– Não, Caio! – Samira sorria. – Agora eu já tenho a solução.

– Mas como?– Caio agitava-se, andando de um lado pro outro. – Como você pode saber?

– Se já possui a resposta apresente-nos então jovem mortal. – ordenou Osíris.

– Está bem, eu digo! O primeiro pertence a Hórus, o segundo pertence a Seth, o terceiro pertence a Seth, o quarto pertence a Hórus, o quinto a Hórus e o último a Seth.

Osíris se levantou e foi até aos servos e com seu bastão ergueu o cabelo do primeiro interrogado.

Estão vendo essa tatuagem?– o deus exibiu para todos os presentes o desenho de um falcão. – A mortal está correta. Só eu e meu filho Hórus tínhamos conhecimento dessas tatuagens. – Vejam os outros. – Osíris foi erguendo o cabelo de cada um e todos verificaram que tanto o quarto quanto o quinto escravo também exibiam na nuca a mesma tatuagem do primeiro servo. – A Bela Mortal conseguiu. – todos os deuses ficaram surpresos com a façanha, mas Anúbis, franzindo a testa, logo se impôs.

– Só isso não basta. A mortal não justificou logicamente a sua solução. – Anúbis com os braços cruzados chegou perto da jovem. – E então, vai admitir que apenas teve sorte.

– Já era! – desabafou Caio, balançando a cabeça. – Agora é o nosso fim.

– Eu posso provar – enfrentou Samira com raiva.

– Eu duvido.

– Posso e vai ser agora.

Caio e os deuses ficaram impressionados com a inesperada firmeza da garota que com calma começou a se explicar.

– Quando perguntei ao primeiro servo eu já sabia qual seria a resposta dele.

– E como poderia saber? – desconfiou Anúbis. – E ainda por cima, como você sabe o que ele respondeu? Por acaso vai me dizer que entende a língua divina, sua mortal? – murmúrios e risos se espalharam entre os deuses.

– Não, eu não entendi e nem precisava.

– Como assim não precisava? O que você quer dizer? Ordeno que se explique.

– Digo apenas que a minha primeira pergunta só admitia uma única resposta possível. Se fosse o servo de Hórus falaria a verdade, então diria que era servo de Hórus, mas se o servo fosse de Seth, como esse só diz mentiras, também diria que pertencia ao filho de Osíris. Como pode ver, pra mim não houve perda nenhuma por ele ter respondido em língua desconhecida.

– Continue jovem – ordenou Osíris, interessado. – E com relação à segunda pergunta?

– Sabendo a única resposta possível do primeiro servo, quando o segundo respondeu que o primeiro havia me dito que era de Seth, percebi que ele mentia.

– Interessante – disse Osíris que enquanto sorria admirado, reparava na fisionomia preocupada de Anúbis. – Diga, Bela, e quanto à terceira questão?

– A última pergunta foi respondida com mentira.

– E como sabe? – Anúbis enfureceu-se.

Caio mordia os lábios e com as mãos erguidas, batia contra o ar ao ritmo de um tambor invisível, torcendo pela amiga. Samira mantinha o suspense.

– Vai responder ou não? – reagiu Anúbis.

– Quando perguntei ao terceiro servo a quem cada um pertencia, ele listou todos servos e falou que o segundo era de Hórus. Como já tinha visto antes que o segundo era de Seth, tive a certeza que ele mentia. Logo, tive apenas que inverter a resposta do terceiro servo para dar a solução desse enigma.

– Demais! – Caio correu para Samira e bateu as palmas das suas mãos contra as da amiga radiante. – Samira, você foi demais! Essa valeu!

– Não! Isso não valeu – recusou Anúbis. – Isso não pode estar acontecendo. Isso não é possível! Eu não acredito nisso! Já passei essa prova para outros mortais e jamais alguém acertou.

– Isso não é verdade! – interferiu a deusa Maât. – Existiu um homem, um sábio que já deixou a Terra que sabia como ninguém resolver problemas.

– Um homem chamado Beremiz? – emendou Samira.

– Como você sabe? – espantou-se Maât. – Você o conheceu?

– Ele era o meu pai.

– Amaldiçoada! – estourou Anúbis, empunhando a mão carregada de ódio. – Eu protesto! Thoth, por que você não verificou a linhagem dessa mortal? Isso é culpa sua! – o deus da escrita, atordoado, só conseguia pedir perdão. Anúbis, irredutível, insistiu. – Eu protesto! A mortal já sabia como resolver esse problema.

– Não! – defendeu-se Samira. – Eu não sabia. No entanto ninguém disse que eu não poderia me lembrar dos ensinamentos do meu pai e utilizá-los.

– Isso não pode ficar assim! Exijo um outro enigma.

– Pelos deuses, Anúbis, controle-se! – exigiu Osíris. – Aceite a derrota.

– As lembranças são como as chamas de uma vela. – interferiu Ísis, acariciando o ombro do marido Osíris. – Algumas passam despercebidas, outras são tão intensas que chegam a nos queimar. Podem até chegar a ponto de nos deixar com feridas abertas em nossa mente, atormentada por uma eternidade. No caso desta mortal, meu amado, as chamas das lembranças do pai a salvaram, não concorda?

– Sim, amada. Eu concordo plenamente, a bela Mortal e o Viajante merecem o retorno à vida na Terra.

– Não! – exasperou-se o chacal – Que a mortal tenha o direito de regressar, eu posso até aceitar, mas, maldição, quanto a esse criminoso, eu me oponho.

– Baseado em quê, Anúbis? – indagou Osíris.

– A mortal obteve a solução sozinha.

– Anúbis está dizendo a verdade – intrometeu-se Maât. – O acordo era que os dois retornariam se resolvessem a tarefa juntos.

– Mas nós resolvemos – rebateu Caio de forma marota. – Eu estava com ela todo o tempo.

– Não! – reclamou Anúbis. – Trapaça com os deuses! Estar juntos não é o mesmo que resolver juntos. Você não resolveu. Você não tem o direito de viver. Exijo punição! Exijo punição!

– Que assim seja – acatou o deus líder. – A Bela retornará a vida.

– E Caio?

– Não se preocupe, Bela Mortal – tranquilizou Osíris. – Não pense na morte como um terrível fim, pois para alguém alcançar a imortalidade basta que haja pelo menos um ser vivo sustentando um sentimento por esse alguém e, assim, o vazio não se fará sentir.

– Você poderá ser esse ser vivo – disse Ísis, colocando as mãos no ombro da jovem amedrontada. – Você sabe o nome do Viajante e toda vez que evocá-lo ele se manterá vivo em suas lembranças. Se você contar sua história para seus filhos e se eles a perpetuarem, o Viajante se manterá imortal. Agora vá, volte a viver, Bela, cujo nome mortal é Samira!

– Caio! – gritou Samira, esticando a mão antes de sumir diante de todos. Caio tentou segurá-la, mas Ísis o manteve afastado.

– E agora? – indagou Caio, angustiado. – O que vai acontecer comigo?

– Você tem muito o que aprender, Viajante – ponderou Ísis. – Ficará conosco e desse modo poderemos ensiná-lo por uma eternidade.

– Eu creio que não, Ísis – contestou o deus Thoth que reparava no movimento das estrelas.

– O que quer dizer, meu amigo? – indagou Ísis.

–A linha do tempo está em seu cursonormalmente. É terrível! – todos se entreolharam com dúvidas nos olhos.

– Sim, mas não era isso que desejávamos?

– Desejávamos que tudo voltasse ao normal, mas estamos avançando no tempo e para nós isto é fatal.

– Agora entendo sua preocupação. – a deusa e Osíris entrsiteciam-se ao ver que seus corpos estavam tornando-se transparentes.

– Viajante – evocou Osíris. –, o seu tempo conosco já se extinguiu.

– Como! – disse Caio, surpreso. – Já acabou? Mas foi tão rápida essa "eternidade de aula". O que está acontecendo?

– Estamos avançando centenas de anos rapidamente – explicou Thoth. – Aproximamos da época daquele que foi nomeado como o verdadeiro descobridor da tumba de Tutancâmon e nesse tempo os mortais já não nos veem como temíveis deuses. – Thoth examinava as estrelas com lágrimas a derramar no seu rosto. – Nós já fomos superados por novos deuses há milênios.

– Que assim seja! – Osíris enfraquecia e perdia a voz antes tão magnânima. – Você deverá continuar com seu aprendizado através de sua longa jornada, Viajante.

– Mas quando vou voltar pra minha casa? – Osíris e os outros deuses calaram diante da questão tão crucial a Caio. Pareciam muito mais preocupados com o que estava por acontecer e dando costas ao mortal, um por um os deuses foram se retirando do local. – Mas que inferno! Eu preciso saber.

– Você verá. – Osíris firmou uma expressão de sofrimento e de apreensão antes de desaparecer. – Mas por agora precisa continuar sua jornada, enquanto nós seremos sucumbidos pelas areias do tempo.

– Os humanos são ingratos – irritou-se Anúbis. – Eles mudam de atitude rápido demais. A inconstância humana é o que causa o crepúsculo dos deuses. – o chacal, mesmo estando a desaparecer, encarou Caio com arrogância. – Não pense que essa será a última vez que nos veremos, mero mortal. Eu ainda não terminei com você. Ainda exijo minha vingança e a terei. – Anúbis, extremamente aborrecido se retirou, seguido apenas pela fisionomia repreendedora de Ísis.

– Agora vá, Viajante – ordenou a voz do deus dos mortos. – Siga o seu destino, Viajante de nome mortal, Caio Zip e que...

Antes que Caio pudesse ouvir mais alguma coisa proferida pela voz do deus, o viajante do tempo foi tragado por um estranho redemoinho.

Capítulo 20

Caio alçou voo, atravessando um turbilhão de cenas perdidas no tempo que passavam em grande velocidade, exibindo uma sequência com infinitos quadros. Imagens de várias épocas iam correndo a sua frente. O Vale do Reis aparecia com seus operários egípcios acompanhados por engenheiros cavando nas profundezas da rocha. Mais uns quadros iam surgindo e neles figuravam um desfile majestoso que seguia pelo deserto, carregando objetos como um trono de ouro, urnas e vasos dourados que refletiam o deus-sol, o deus Rá. Alguns homens, seguidos por mulheres chorando, vestidas de branco, seguravam firme um sarcófago e um homem vestido com um saiote branco usando uma máscara com a forma de uma cabeça de um chacal, guiava a tropa em direção ao Vale. O tempo avançava e o Vale foi sendo tragado por chuvas torrenciais. O dilúvio transformou aquele local sagrado cheio de segredos num grande lago. Mais cenas foram emergindo e aos poucos o Vale foi tomando a forma de um deserto. Soldados franceses contemplavam uma pirâmide apontada pelo seu Imperador fardado. Ao se aproximar da época, exatamente a partir do momento em que ele decidira explorar o poço escondido com seu amigo Nasser e o bando de Mila, as cenas foram parando. Congelando. Ao tentar tocá-las, as frágeis imagens se desfaziam entre as pontas de seus dedos. Tudo aquilo em sua volta ia se decompondo, transformando-se num vasto mundo de cinzas. A passagem do tempo, subitamente, foi eliminando a imagem de Caio e boa parte de suas ações, realizadas após a entrada no poço, foram sendo queimadas.

Lentamente, o tempo tornou a fluir normalmente e a história foi sendo reescrita como se o viajante do tempo e o bando nunca tivessem estado na tumba. Tudo foi tomando um novo rumo. Sem a presença de Caio, Nasser não tinha se encontrado com o bando e ao invés disso, ele foi avisado sobre o envenenamento de Samira por uma cobra e a salvou. Sem Nasser e Caio, os ladrões não tiveram êxito em achar o tesouro e muito menos puseram fogo na tumba e desta forma a tumba permanecera salva. Inesperadamente, o redemoinho foi perdendo força, dando a Caio um pouso tranquilo num ambiente preenchido pela escuridão.

Rapidamente, Caio se pôs a procurar a lanterna guardada no seu bermudão. A luz das enfraquecidas baterias piscava em intervalos longos. Os breves momentos de luz, antes de ser devolvido definitivamente às trevas, foram o suficiente para descobrir onde estava.

"Essa não!" - pensou Caio - "Estou de novo na antecâmara de Tutancâmon." Nervoso, bateu a mão com força na lanterna, até obter mais um tempo de luz, mas logo a bateria acabou definitivamente. Antes de ser dominado pelo pânico um barulho o atiçou. Tateou as paredes, seguindo o som. Ao encostar o ouvido numa porta selada, ouviu vozes e pancadas fortes, vindas do outro lado. Reconheceu duas das vozes. Eram de Carter e Callender. Emocionado, gritou como nunca, bateu várias vezes a lanterna contra a porta, pedindo por socorro, mas estranhamente não obteve resposta. Totalmente esbaforido, decidiu encostar o ouvido mais uma vez. Suas esperanças vieram sob a forma de batidas de picaretas quase rompendo um buraco no canto superior esquerdo da porta. Do outro lado da parede, ouviu novamente a voz de Callender.

– Falta muito?

– Parece que falta pouco – respondeu a voz sem fôlego de Carter. – Acho que já retiramos quase todo entulho.

– Meu Deus! Que demora– reclamou uma voz masculina desconhecida para Caio.

– Pare de ser ranzinza, George – soou a voz forte de Callender. – Por que você não fica calmo como sua filha?

– Quem disse que estou calma? – a voz da filha de Lorde Carnavon soou muito educada. – Nunca imaginei que ficaria tão ansiosa. É terrível ficar aqui sem saber o que vamos encontrar.

– Tomara, Deus, que seja uma tumba – desejou Carter. –Tomara que esteja intacta.

– Já me contento com um esconderijo de múmias – confessou a voz de George bastante impaciente.

As batidas ficaram mais intensas. A parede começou a ceder.

– Lady Evelyn, lorde Carnavon, Callender – discursou Carter, emocionado. –, o momento decisivo está na nossa frente. É agora.

Uma última pancada vibrou, abrindo, finalmente, uma passagem. Carter, com as mãos trêmulas, teve dificuldade em riscar um fósforo e enfiá-lo pela abertura.

– E então? – questionou Callender na expectativa.

– A chama não se apagou – comentou Carter bastante nervoso. – Não há vestígio de qualquer tipo de gás. Podemos entrar.

O arqueólogo riscou outro fósforo e acendeu uma vela. Tentava a todo custo controlar a mão e, sem ousar a respirar, introduziu a vela no buraco. Aproximou a cabeça na pequena abertura e emudeceu.

Lorde Carnavon não suportou mais o terrível suspense e implorou por uma resposta.

– Pelo amor de Deus, Carter! Diga alguma coisa! O que está vendo?

E Howard sem desviar os olhos da fresta relatou a visão, boquiaberto.

– Coisas maravilhosas!

– O que está vendo? O que está vendo? – interrogaram todos os integrantes ao mesmo tempo.

A névoa azulada da máquina do tempo emanou do centro do salão escurecido de modo a banhar os estranhos animais e estátuas revestidos de ouro. Num piscar de olhos, Carter, ainda tentando acostumar os olhos ao esplendor, pôde ver uma vaga silhueta fantasmagórica do viajante do tempo, sendo carregada pelo intrigante fenômeno que foi se dissipando tal como num sonho, mas não sem antes jorrar um ar fresco sobre um aquele local há séculos esquecido e que finalmente refrescava a aflição de anos de espera do verdadeiro descobridor. Howard Carter trouxe Tutancâmon à luz dos novos tempos.

A autora

REGINA GONÇALVES é graduada em Matemática e pós-graduada em Análise de Sistemas. Regina é apaixonada por Arte, Ciência e História Mundial, paixão que a levou a ser a autora da série de livros "Caio Zip, o Viajante do Tempo", repleta de aventuras, mistérios e desafios.